はじめに

気がつけば、自宅に東大生がいた。

著者は、**トヨタ自動車のしがない窓際のサラリーマン**。一生懸命に身を粉にして働いたとしても、役員になれるわけでない、部長にも届かない。定年退職時にはぜいぜい課長か、仕事で成果を出せなければ係長止まりの厳しいご時世である。部長席まで、直線距離でわずか数ｍではあるが、その道のりは果てしなく遠い。

キャリアの壁を意識する中堅層にさしかかると、職場の先輩たちにも想定外の辞令が相次ぎ、悲しいかな、自身の行く末も、必然的に見えてきてしまう。自身のポテンシャルを考えても、学歴もないし、仕事運もないだろうし、出世には相当なる困難が予測される。

せめて授かった子どもだけでも、自分をはるかに超えて、唯一無二の幸福な人生を送ってほしいと願ってやまないのが、親の切なる思いである。自身に期待できないのなら、速やかに諦めることだと考えた。諦めるとは、断念とかギブアップとか撤退のようなマイナスのイメージがあるが、仏教語における本来の意味は、「明らかにしたうえで、本質を見極める」と記されている。

つまり、現実をあるがままに、「これでいいのだ」と素直に受《う》け容《い》れて、解決の糸口を模索し、真理を探究するという、極めてポジティブで前向きな未来志向の考え方なのだ。決して、現実に敗北することではない。沈着冷静になって、新しい道を切り拓きたい。

そこで、自身を楽天的に諦めた分、一度きりのはかない人生に何を懸けるのか、そして何にパワーを注いだらいいのか？　残された時間を、著者自身のキャリア形成に懸けることから、子育てにシフトすることを決心した。

子どもとは、奇跡的に授かった神さまからのかけがえのない贈りものである。子に過ぎたる宝なし。正に、**子どもの健やかな成長が親バカのはかない夢**となった。

この世を生き抜いた足跡として、優れたＤＮＡを残したい。遺伝子だけではなく、人生を生き抜くためのノウハウを次世代へとリレーでつなげたい。子どもとは、一生涯かけて完成させる、**一世一代の芸術作品**である。

この時代、終身雇用がいっさい保証されない、厳しさがいっそう増す格差社会になってしまった。たとえ一人放り出されたとしても、独力で人生百年時代を力強くタフに生き抜いていける、**骨太の人間スキル**を身につけさせなければならない。

現在巷《ちまた》では、クリエイティブな発想からイノベーションを興し、次世代に目覚ましく活躍できる優秀なマルチ人材が求められている。予測不可能な未知の社会に向かって、自身の進むべき道を、自力でパワフルに変幻自在に、フレキシブルな発想で、切り拓いていくしかほかに方法はないのだ。どの子どもにとっても、約束された未来は、いかにも幻想的である。つまり、一寸先は闇といってもよい。

トヨタ生産方式では、ジャストインタイム・自働化（にんべんのついた「じどうか」）・品質は工程で造り込む・カイゼン・平準化・標準作業・自工程完結・現地現物主義・人を責めない、やり方としくみを攻める・後工程引き取り・見える化・ポンチ絵・多能工化・七つのムダ・五回のなぜを繰り返す・大部屋化・巧遅より拙速・選択と集中・全体最適・モノからコトへ・安全第一・人間性尊重などの幾多のキーワード、キーフレーズが語り継がれる。

トヨタでは、**「キーワード&キーフレーズ」を口癖のように連呼**する。これらの合い言葉は、十回・二十回ではなく、何千回・何万回の反復・反復の世界である。いい意味で、キーワードシャワー&キーワード攻めにより体の中心部に深く浸透させた強い信念こそが、トヨタの企業風土・職場風土をつくる源泉となっている。

「しつこく、しつこく、これでもか、これでもか」と、真面目に愚直に徹底的に、ひたすら呪文のように唱える。紙に書いて「はい、おしまい！」ではなく、執念をもって、「数値化した目標に向かって、不屈の精神で、一気呵成《いっきかせい》にやり遂げる！」ことである。

トヨタ式は、何もトヨタの生産現場に限って適用されるものではなく、幾多の企業の財務・調達・営業・研究開発などのありとあらゆるセクションにも十分に通用しうる、経営リソースなのだ。そして、この普遍的な思想は、どの時代でも万人に広く行き渡るものである。

本稿では、トヨタ式の原理原則を表現したキーワードを切り口にして、具体的に子育てに何をどのように実践したのかを、対比形式で以下にサマリーする。子育ての成否の鍵を握るキーワードは、人生の杖言葉になるのだ。

近未来の日本は、少子高齢化が加速し、国力の大幅ダウンを余儀なくされる。このような厳しい環境下で、熾烈な国際競争に勝利するためには、個々の智恵の集積しかほかに方法はない。そのためには、子どもたちの**地《じ》頭力《あたまりょく》と人間力のアップ**が必要不可欠となる。

日本国の明るい未来を担う次世代の活力向上に向けて、子育ての深化により社会に恩返しをしたいとの万感の思いにより、本書を執筆した。

トヨタ式の原理原則に従いながら、第一章では地頭力を鍛え、第二章では探究心を躍らせ、第三章ではフレッシュなモチベーションを高め、第四章ではやり遂げる力を身につけ、第五章では心の成長に寄り添うための子育てについてのポイントを解説する。

本書をご活用いただき、皆さまの**真心の子育て**に何か一つでもお役に立てれば幸いに存じます。

目次

第三章　子どものモチベーションを高めるためのトヨタ式

第一章　子どもの地頭力を鍛えるためのトヨタ式

子育てにおける決意と覚悟

子どもの希望に満ちた未来を創るためにやり遂げねばならない子育てプロジェクトは、親に与えられた**重大なミッション**である。この天命を全うすることが、幸福な人生につながると考える。よって、学校の先生や教育の専門家に、子育てにおける本質の部分を丸投げの責任放棄はいけない。プロにお任せしていいのは、時間効率アップを図るためのテクニック論だけである。

立会い出産の子どもとのファーストコンタクト時、「奇跡だ！」と思わず大声を発した。皆無の状態から、人間のカタチをした自分の分身が流星のごとく現れる、超越的かつ神秘的な出来事を、それまで想像すらしたことがなかったからだ。遺伝学的には、熾烈な生存競争のなかで、一つの精子と一つの卵子が運命的に出会った奇跡の勝者である。一瞬で電流が走り、全身のあらゆる細胞たちが、一気に覚醒した。子どもの誕生のおかげで、憧れの父親になれたのだ。自身を捧げる**一丁目一番地のライフワーク**は、子どもの輝かしい未来像を描くための、粉骨砕身の子育てであると決心した。

一度きりのはかない人生を生き抜いた足跡として、「後世に何を残せるか！」である。

そして、賽《さい》は投げられた。

同時に、著者の**アイデンティティー**は、トヨタ自動車の社員であることではなく、真の父親であることが明確になった。鳴かず飛ばずのポンコツの著者は、微力ではあるものの、決して無力ではないはずと考えた。

しかし当然のことながら、子育てに関しては、まったくのド素人である。誰しも経験がないから、リハーサルやテイクツーなしの、**ぶっつけ本番の一発勝負**となる。

また窓際族の著者には、潤沢な財産や教育エキスパートたちとの人脈など、まったくない。多少の生活費はあっても、ごくごく普通の凡人に過ぎない。しかも、少子高齢化に伴う学歴偏重の加速により、教育関連費が高騰している。さまざまな税改正や住宅ローンに喘《あえ》ぎながら、可処分所得が年々減少している。よって、資金力を活用して、有名な学習塾に通わせたり、家庭教師をつけてやることもできない。

世帯所得と子どもの学歴には、正の相関関係があると言われる。昨今、貧困と低学歴から抜け出せない負の連鎖が、社会問題となっている。スタートラインが違うのは事実であるが、低所得であることを免罪符としないで、実際には、子育てに取り組む親の決意と覚悟の差であると捉えたほうがよい。

劣等感の塊である窓際の著者には、これといった技術や特技や取柄もない。履歴書に堂々と記述できるような経歴や国家資格など、何も有していない。情けないことに、ないないづくしである。ほかに何か際立った強みを有してないのかと考えた。

幸いトヨタ自動車で、現地現物主義に基づいた「トヨタ生産方式」の考え方を徹底的に叩き込まれ、現場の実践を通じた鍛練により、しっかりと体得した。極めてまれな、付加価値の高い、ＡＩ（人工知能）に淘汰されることのないビジネススキルと考える。

そこで、**トヨタ生産方式を何とか子育てに活かせないかが、発想の原点**となった。

自身の子育てポリシーは、骨の髄まで染み込んだ、**強烈な差別化**を図れる「トヨタ式」しかない！　と確信をもって決意した。

冴えない窓際族の著者が、トヨタ式の教えに基づいて、創意工夫の試行錯誤の子育てに愚直に取り組み、日本の最高学歴である東京大学の合格にたどり着いた。さらに、最難関の国家資格である公認会計士の資格も、東大在学中に合格を勝ち取った。正に、感無量であった。

アホの著者の息子が、東大に？

統計学的には、受験生千人に一人くらいの合格確率である。「学歴なんて関係ない！」と言う輩《やから》はいる。しかし、理想だけのきれい事を並べるのは、現実を直視しようともしない空想主義的な発想であり、偽善者として扱われるケースもある。理想の対極には、常に厳しい現実が存在し、正に表裏一体の関係にある。決して、現実から目を逸《そ》らしてはならない。

ユニークな発想を有している人間力の高いビジネスエリートには、偏差値の高い大学出身が多いのは、認めざるを得ない正真正銘の事実である。著者は、絶対に早慶以上に入学させるという強い決意と覚悟をもった。決して、夢物語ではない。

レベルの高い恵まれた環境のなかに、是非子どもを送り込みたいと強く願った。すばらしい教育環境が、地頭力と人間力のポテンシャルを押し上げ、子どもの選択肢を増やしてくれる。

学歴が努力の証明書であることは断言できる。優れた環境下で育まれれば、努力をし続ける能力を有した意識レベルの高いハイスペックな人たちとの人脈も築かれる。子どもの人格形成や固有の才能を、輝かしい未来に向けて、大きく開花させられる。

なかでも、東京大学は日本一の潤沢な教育資金を確保しており、人材育成においては、ピカイチの頭脳集団と教育インフラを有している。東大生一人あたり、何と年間五百万円以上の国費予算が計上されているのだ。

設定した目標に向かって日々精進をし続けることができる希少な能力を、どうやって身につけさせたのか、試行錯誤の子育ての取り組みをお伝えしたい。

著者は、教職者でも科学者でも何でもない。しかも、正真正銘の窓際族だ。教育に関する知識や科学的な知見はまったくないド素人である。

しかし子育てに関しては、ヒエラルキー的な会社組織とは異なり、上司からあれこれ指図をされてストレスを溜めることなく、自分の思いや考え方に従って、思う存分に全集中で舵取りができる。それだけに、親としての真価が問われて、責任をひしひしと感じるが、真のやりがいを実感できる。

上司たちのご子息よりも、世のため・人のために貢献できるダントツに優れた人間を育て上げるのだという強い決意と覚悟をもった。仕事でも子育てでも、その成果は決意と覚悟の大きさで決定する。それは誰にも止められない。

子どもの巣立ち後に振り返ってみて、トヨタ式を信じて活用した具体的な取り組みこそが**子どもの地頭力と人間力アップ**に間違いなく寄与したと思われるエッセンスを、本書で列挙してみた。○○教育法のような難解な理論ではなく、お金をかけない、実はたったこれだけの一歩一歩の地道な成功体験の積み重ねである。これが、**年輪の実力**だ。

一気にフルスロットルで、アクセル全開の瞬間風速を上げるのではなく、日々のコツコツの誠心誠意の努力に尽きる。打ち出の小槌のようなショートカットは、ないのだ。

つまり、**「実は、足元にヒントあり！」**である。

トヨタの現場では、現地現物主義に基づいて、**「もっと良くしたいという、向上心の改**

善フィロソフィー」が、確実に根づいている。現在が最低レベルであり、これからが進化の始まりという考え方である。この改善マインドが、正にトヨタの真骨頂である。

実は、トヨタ式は、ＡＩ時代を先取りする先進的な手法ではなく、むしろ原始的なノウハウである。決して、門外不出の代物ではない。

現在トヨタには、卓越した技術や技能を体得した強靭なカイゼンのプロ集団が存在し、モノづくりの圧倒的な基盤がある。

さらに、トヨタ式の修練により、筋肉質の引き締まったボディを獲得できており、リーマンショックやコロナショックなどの逆境や経営クライシスに対しても、すこぶる強いのだ。

例えば、中部国際空港（セントレア）・トヨタ生協・トヨタ記念病院・日本郵政や東京電力などの企業においても、トヨタ式をフル活用しながら、業務改革に取り組み、スパイラルアップした輝かしい成果を出している。

またコロナ禍に、地元の医療用ガウン製造会社において、トヨタ式のカイゼン指導により、五百枚／日から五万枚／日へと、生産性百倍アップを達成したケースもある。

このような幾多の実績を勘案すると、**トヨタ式の極意**を、子育てに活かさない手はない。

ロケットスタートの鍵は、国語力

「トヨタ生産方式」は、極力お金をかけないで、無限の智恵と創意工夫で、真面目に愚直に徹底的にムダを排除し、コスト低減に向けて、弛《たゆ》まぬ「カイゼン」に取り組む、経営思想・経営哲学である。つまり、テクニック論の集大成の、いわゆる「ハウツー」ではない。

実のところ**「カイゼン」は、トヨタのＤＮＡ**であり、どこにも聖域はない。カイゼンの本質は、現場を変える前に、人の頭の中を変えることなのだ。すると、劇的な意識改革により、自然と意識の発酵現象が起こり、大胆なイノベーションにつながる。よって子育てにおいても日々のカイゼンが不可欠である。

トヨタでは、**「乾いたタオルを、さらに絞れ！」**と言われる。決して、仕入先さまに対して厳しいわけではなく、「ムダの徹底的排除により、コスト低減に拍車を掛けなさい！」という解釈である。つまり、「儲けたければ、値切るのではなく、ムダ取りをしよう！」ということだ。

付加価値を生まない問題発見の着眼点として、社外よりも、むしろ社内の現地現物に目を向けなければならない。なぜなら、社内の問題は、いかようにもコントロールできるからだ。ゆえに、取り組みやすい家庭風土づくりにしっかりと目を向けたい。

また、さらに絞られたタオルは吸収力抜群であるとの喩えでもある。ムダがあることよりも、ムダに気づけない風土の存在を、問題視する。

トヨタ自動車社長からの**「異業種のトップからも、貪欲に学ぶべし！」**との謙虚なメッセージがある。

上司から、「今日の日経新聞の『私の履歴書』を読んだか？」と時折聞かれた。つまり世界は果てしなく広く、「針の穴から天を覗く」にならないための教訓と考える。

上場企業の社長のプロフィールに、学生時代に得意だった教科は？　の問いに対して、「国語」との回答が目立つ。自分の思考を整理できる・自分の考えを自分の言葉で人に伝えられる・人の思考が理解できる・相手の心理が読める・職場の真の問題点を抽出できる・氷山の下にある物事の本質を見極められる、すべて**国語力**と考える。

基礎学力である国語力は、コンピューターに置換してみると、ＯＳに相当する。

ベースとなるＯＳがしっかり機能していれば、さまざまなアプリケーションが稼働しやすい。

行間を読み解く国語力は、正に**人間力の土台**を形成する。

国語力を体得できれば、ありとあらゆる分野で、子どもの得意なスキルを発揮しやすい。

そして、人間性のグレードアップが図られ、人生のパラダイムシフトにつながる。つまり、**伸び代《しろ》**が、格段に異なる。

あとは親として、本人の興味が湧く分野に、環境を整えてあげることだけに専念すれば、なりゆきで良い方向に進む。伸ばしてあげようとしなくても、自らの力で、自然に枝葉がぐんぐん伸びゆくはずだ。

国語力の体得は、子どもの成長にとって、必要不可欠である。つまり、**知的好奇心の源泉**である。将来、スポーツ分野や芸術分野やほかのどの分野に進むにしろ、すべてのベースは国語力と考える。子どもの教育には、英語力・数学力よりも、まずは「国語力の体得が最優先！」と断言する。なぜなら、日本人の母国語は、日本語だからだ。

英語力も大切であるが、留学などで外国に放り込めば、短期間で体得できてしまう。のちに息子を海外留学させたが、その語学力アップの驚愕の成果からも断言できる。

また会社において、数年間の海外勤務を命ぜられ、いくら語学力に乏しくても、あっという間にペラペラと自由に外国語を操っている同僚を目の当たりにした。よって、英語力は国語力の二の次でよい。必要に迫られれば、何とかなるものだ。

目先の英語の偏差値やＴＯＥＩＣ®のスコアに拘《こだわ》る短期的思考でなく、心をきれいに磨き、潜在的な人間力のポテンシャルアップを狙いたい。学歴だけの東大止まりでなく、**差別化を図れる圧倒的な何か**を見いだしてあげたい。

子どもは、小学生・中学生になるにつれて、親離れが進んでいく。家族旅行には行かなくなるし、外食にも仕方なくついてくる状況になる。両親と一緒の行動よりも、切磋琢磨する友達と集うほうが楽しいからだ。これは子どもの成長真《ま》っ只中《ただなか》の証であり、当たり前の自然現象である。

一方で、幼少期の子どもは、うっとうしいくらい親にまとわりついてくる。なぜなら、頼れるのは親しかいないからだ。幼少の時期こそが、親が子どもに最も影響を与えられる**ゴールデン期間**であると断言したい。つまり、この期間こそが最も重要な種まきの時期であり、決してあとにはずらせない。二度と戻ってこない千載一遇のラストチャンスであることを、心しておく。

トヨタでは、**「巧遅より拙速」**というキーフレーズがある。スピードが、付加価値を生む。正に「光陰矢の如し」であり、まずは「やってみる！」のスタンスで極力フットワークを軽くしておきたい。

子どもの地頭力と人間力アップに向けて、**幼少期よりスタートダッシュ**を図りたい。出遅れは、禁物である。

絵本作戦について

トヨタ式では、**「Ａ３用紙で、簡潔にまとめろ！」**と徹底的に訓練をさせられる。コンテンツは、背景・現状把握・目標設定・要因解析・対策立案・スケジュール・実行・評価・今後の取り組みのストーリー展開で、Ａ３用紙一枚のドキュメントに簡潔にまとめなければならない。Ａ３資料は、トヨタの不文律であるのだ。

著者は、これまで累計で数百枚のＡ３資料を作成した経験がある。トヨタの多忙な役員は、たくさんの添付資料をいちいちチェックする時間がないため、Ａ３資料に仕上げられた稟議書で、数億円の案件を次々と決裁する。

ちなみにトヨタでは、独りよがりの意味のない資料のことを死料と言う。頭の中をすっきりと整理・整頓し、それを相手に一回で理解してもらえるように、簡潔にアウトプットする。正に、国語力の体得が必須である。

国語力と言えば、端的に読書を思いつくが、幼少期は自分の力だけでは本を読めない。

よって、**絵本や紙芝居の読み聞かせ**となる。

ただし、気の利いた絵本は一冊千円以上と非常に高額であり、サラリーマンの給与では、ぜいぜい月に二〜三冊の購入が限界である。それでは、読書の絶対量が明らかに不足している。そこで、図書館をフル活用すればよい。実は、地方税をしっかり天引きにより前払いしているので、図書館を活用しないと損をする。全国どの地域でも、一度に一人五冊程度は借りられる。子どもに加え、両親・祖父母の図書館カードを作れば、一度にまとめて二十冊以上を借りられる。

毎週末に、ハイキングのようにリュックサックを背負い、あちこち複数の図書館へ足繁く通うことが、父親の恒例の行事となった。毎度、結構な重量になる。

会社から帰宅後、就寝前のフェイドアウトの時間帯に、テレビなどのあらゆる音声を消した静寂のなかで、子どもを膝の上に乗せる。そのうち、積極的にコンタクトを求めて、勝手に乗ってくるようになる。残念ながら、受動的なテレビは、思考回路を停止させてしまう。

スキンシップを図りながら、感情を込めて、ひたすら絵本を読み聞かせる。「もう一回読んで！」と、同じ絵本を三十回くらい連続で読まされることもしばしばであった。正直かなり、しんどかった。何がおもしろいのか摩訶不思議《まかふしぎ》？　ではあるが、すさまじい集中力で、空想の世界に無我夢中となって、ゾーンに深く入り込んでいるようだ。

絶対に親の都合によって中断しないで、集中させておく。あくまでも、**子どものペース**で進めたい。大切なことは、**親も童心に返って、思い切り楽しむ**ことである。親子で「ああでもない、こうでもない」と、声を出し合う意見の応酬に意味がある。

また、同じ絵本の繰り返しのなかで脳を活性化させるために、読むスピードを早口言葉のように**二倍速・三倍速**にすることを意識した。紙芝居の場合は、めくるスピードをどんどん上げた。

さらに、国旗を活用し、フラッシュカードとして、国名当てクイズを高速で実施した。カリブ海の小国であるアンティグア・バーブーダなる国名さえ答えられるようになるのだ。**右脳の潜在能力**を引き出すことにつながる。

将来、必ず速読術を獲得できる。静かに心穏やかに、親子で他愛もない会話を楽しみながら時間を過ごすことが、肝心要のポイントである。

絵本作戦の第二段階として、単に読み聞かせだけでなく、「キツネさんは、どんな気持ちかな？　もし自分がおサルさんだったら、どう対応する？　クマさんは、次にどんな行動を起こすのかな？」などと人の気持ち・次の**展開予測・行動予想**などをさせる。

また、「この前の絵本とストーリー展開が似ているね」などと、既読絵本と比較させて、本人の意見を引き出す。一連のアウトプット作業が重要である。

これにより、道徳観・倫理観・正義観を養うとともに、洞察力・予知力・決断力を体得させた。**読解力のロジック**が鍛えられる。累計で、延べ数千冊・数万回の読み聞かせを行った。絵本は、多様なジャンルから、ランダムにチョイスすることだ。

また、巷で目に留まった新作の絵本を、手あたり次第に図書館に予約する。地方自治体には、無料で手配してくれるサービスがあるのだ。親の趣味嗜好のバイアスを掛けてはならない。

また、あえて推奨絵本に拘ることなく、幅広く読む。無限の可能性を秘めた子どもの隠された引き出しに気づかなくなるからだ。この子はこんなタイプだと勝手に思い込む、決めつけのレッテルを貼ってはいけない。

ちなみに兄弟姉妹であっても、固有の能力を伸ばす引き出しは、それぞれまったく異なることを認識しておく。これは、同じように育てたつもりでも、画一的な性格にはならないことから、容易に推測できる。

正義の味方になりたがる子どもは、さるかに合戦のような勧善懲悪の昔話に、過剰に反応する。また親も、神話や伝説や伝記などから人生の教訓を根本から学ぶことができ、親子ともに成長できる。

そして小学生あたりからは、徐々に、絵のない大きな活字の本に切り替えていく。さらに、**声に出す音読**を試すと良い。脳の活性化により、読解力が高まり、滑舌も良くなる。リビングルームの壁に「今年の目標百冊読破！」などと、アナログの折れ線グラフで表すと、楽しい。

続いて、子ども新聞や一般紙や情報誌などの切り抜きを、ランダムに与える。自らの意思で書籍の選定・読書ができるまでのウォーミングアップの助走期間である。新聞記事やチラシは、世間を垣間見る社会勉強の一手段として、とても有効である。ちなみにトヨタの朝礼では、「今日は何の日」を題材として、持ち回りでスピーチをさせるしくみがある。タイムキーパーにより、5分間の計測が行われる。

絶えず、「このニュース、君はどう思う?」とか、「このマンション、どんな人が購入するのかな?」とか、「この特価のリンゴのコスパは、どうかな?」などと、意見を求めよう。各コンテンツを恰好《かっこう》のネタにして、親子でとことん考察したい。

日本の教育は一つの正解に早くたどり着くやり方であるが、実社会に出ると正解のない難題に立ち向かい、レスポンス良く最適解を求める問題解決をしなければならない。自分の考えをしっかりと主張できるような**自分軸をもつための訓練**と考える。

そして次のステップは、感想文などのアウトプットである。自分の考えを総括しながら、他人に「要するに、○○だよね」と、比喩表現を交えて簡潔に伝えるための、**心に響く要約力**がつく。このアウトプット作業が、とても重要である。

各種の読書作文コンクールや俳句コンテストに投稿するのも楽しい。締切日までに、短期間でまとめ切る粘り強い集中力がつく。入賞すれば、雑誌に名前が掲載されるし、図書カードなどが郵送されてきて、とてもうれしい。ギュッと荒っぽくハグして、褒めてあげよう。愛情ホルモンが分泌されて、さらに愛おしくなる。

多面的な視野で**物事の本質を見極める力**をつけられれば、眩暈《めまい》を感じるほどの膨大な情報過多のネット社会のなかで氾濫する、ガラクタ情報の波に溺れなくなる。時が経過すると、自発的に小説を読破するようになった。

ＡＩには不可能な、**行間を読み解ける洞察力**を有した頼もしいパーソンになってほしい。

東京大学の入試前の全国統一東大・京大模擬テストで、総合二位、現代国語の科目二位の成績をとったのも、絵本作戦による国語力の体得が功を奏したと断言する。まぐれで、偏差値80超の全国二位の成績は、絶対にとれない。

トヨタでは、**「平準化」**という考え方を最重視している。**「山を崩して谷を埋める」**ということ、つまりピークをつくらない。**「バラつきは、諸悪の根源」**と考える。

一日に〇・二％のカイゼンを根気よく繰り返せば、一年後には一〇〇が二〇七と二倍以上となり、二年後には四三〇と大幅アップする。逆に、一日に〇・二％ダウンすると一年後には四十八に半減してしまう。つまり、**「カイゼンは、質より量」**にこだわる。テストは百点が上限であるが、カイゼンをエンドレスに継続すれば、数字は青天井となる。

ある実業家が、大学の卒業式での伝説のスピーチで語られた、日々の小さな取り組みがいずれはとんでもないことにつながるという、点と点をつなぐ、コネクティングドッツである。

よって、「絵本は、毎日少しずつでも読む！」のだ。週末の三十分だけでは、残念ながら足りない。「継続は力なり」を信じて、たった五分でも毎日続けたい。少し飽きたら、気分転換として、ベランダに出て夜風に当たりながら、月の満ち欠けの観察をしてみよう。

　人口あたりの図書館数№1の山梨県は、健康寿命が全国№1である。ＮＨＫスペシャルの『ＡＩに聞いてみた』の特集で、読書×健康寿命の相関関係が導かれた。

　読書は、バランスの良い食事や適度の運動と同等に、健康にも大きく寄与するそうだ。健康管理に関しては、受験勉強はもちろんのこと、人間生活のすべてのバックボーンであるのは、言うまでもない。正に、**読書は心の栄養素**であると言える。

　また子どもの成長とともに、図書館や街の本屋さんに親子で一緒に行く機会を、多くつくった。

　図書館では、何気ない日常生活で抱いた純粋な疑問を、図鑑などの書籍を親子で一緒になって探し出し、解決したい。例えば、公園で採取した珍しい昆虫や植物や岩石の名前とか。宝探しのように、答えを見つけ出したときの驚きと喜びの感動を親子で味わいたい。自然に、**学習意識が高まりリサーチ力**がつく。国立国会図書館で、子どもの誕生した日の主要新聞の一面記事を入手するのも、おもしろい。そして図書館の匂いと居心地の良さを心に刻もう。

ちなみに、Ｅコマースの伸長によるデジタル書籍やブック宅配便の加速により、国内の本屋さんの数が急激に減少しているが、正に日本人の国語力の低下を懸念する。実際に、読解力の国際学力調査でも、台頭する中国にボロ負けの由々しき事態である。残念ながら、日本の国際競争力のダウンに直結する。

そしてリビングルームには、親が読書中の書籍や日本経済新聞を、あえて見えるように置いておく。すると子どもは、目を惹かれた親の本を手に取り、興味津々の態《てい》で勝手に読み始めるのだ。読書は、ごく当たり前の日常のひとこまであることを演出する。

その人がどんな書籍を読んでいるのか、人物に関心をもつようになるはずと考えた。本に囲まれた生活は、心が豊かになる。

本との出会いは、歴史上の超人・偉人との時を超えた**運命的な出逢い**である。努力の証明書を有した努力家たちの凝縮された人生の集大成に肉薄でき、未知の世界へといざなわれる。

また、偉業を成し遂げた先達から溢れ出る生命エネルギーに魅了され、世界観を共有できることもうれしい。読書のなかでさまざまな仮想体験をすることは、日常生活ではあり得ない想定外の気づきを得られ、実際の経験をすることに等しい。人間の骨格は、読んだ書籍の量と質でつくられるのだ。

歴史学に興味を示し、歴史研究をされている学識者や著名人が多いのも頷ける。本の語源は、**太い木の根**であるそうだ。これほど、子どもの地頭力と人間力アップのための、コストパフォーマンスに優れたすばらしい媒体は、身近には存在しない。

幸い日本には、すばらしい書籍が豊富に貯蔵されている。万人に与えられた膨大な文化的遺産を、大いに活用し、親子で夢の世界へ旅をしよう。

ちなみに子どもには、「いろんな先生方から勉強のテクニックを学んでね。君の父親は凡人だから、反面教師にしかならないからね」と、偽りなく正直に伝えてきた。

社会を垣間見る思春期に近づくと、父親のダメさ加減を情けなく感じ始め、反発が強くなる。その予防線を張ることも、良好な親子関係構築の一手段である。

数学力を鍛える

トヨタでは、**「定量的に数値化すべし！」**と言われる。経営者は、経理能力が問われる。学生は、理系に進むにしろ、文系に進むにしろ、もちろん**数学力が必須**である。特に、東京大学の入試では、文系であっても数学の得点が合否を左右すると言われる。幼少期から、数字に対する拒絶感や抵抗感をなくす必要がある。

よって身近に数字に接することができればと考えた。そこで思いついたのが、子どもが大好きな積み木の代わりに、数字が付与された**麻雀牌**をおもちゃとして与えることだ。ピラミッドやタワーを作るなどの積み木遊びをすることで、トンボのような複眼的な視点と、立体図形的な三次元の空間認識力を身につける。

また、トランプの神経衰弱遊びを、麻雀牌を使ってさせることにより、記憶力を向上させた。子どもは、麻雀牌をシャッフルして、ガチャガチャ音が出るのを楽しんでいた。数字順、牌の種類毎に並び替えるなど、いろいろな組合せパターンで遊ぶことができる。

知的遊びのあとは、パズル感覚でお片づけをする。ストップウォッチで「よーい、ドン！」と、時間を計測するのも楽しい。つまり、足踏みをしないで整理・整頓を実践させる。指先を刺激した楽しい訓練で、知能の発達に役立つ。結果、とても手先の器用な子どもに育った。

しかし、日本の麻雀牌は小さく、積み木をしにくいので、幼児にも扱いやすい大きな中国の麻雀牌を代用してもよい。絵柄がカラフルで、見ているだけでもおもしろいのだ。

またスーパーの買物時に、かごに入れた商品の価格の合計値を**暗算で計算**をさせた。レジのレシートを確認し、「ご名答！」と褒めてあげた。「玉ねぎ三個の袋入りで百九十八円、バラ一個が七十円の場合、袋入りを購入すると、何円お得な買い物か？」などのクイズをする。子どもには、常日頃から、**コスト意識**をもたせよう。

そして陳列棚から石鹸やバナナなどの商品を探すゲームも、カテゴリーの分類力がつく。単なる買い物であっても、有益な訓練ができるのだ。

昭和っぽいレトロな駄菓子屋さんで、お小遣い二百円の範囲内であれこれとやりくりをしながら、楽しそうにガムやラムネを選んでいる姿が思い出される。

ガソリンスタンドでは、五十ℓを給油した際、「四百㎞走行したけど、燃費は何㎞？」とクイズを出す。八㎞と答えたら、「ご名答！　では、なぜ冬季は、燃費が悪いのかな？」「走りかたをどうカイゼンしたら燃費が良くなるのかな？」と考え続けさせる。

さらに、レストランの定食では、ご飯・味噌汁・おかずなどの素材原価から、利益がこのくらいかと、アバウトで逆算させる。ちょっとした飲食店の**経営者遊び**をする。メニューから料理の原価当てクイズをして、コストパフォーマンスに関して話し合う。食材から、産地や栽培方法や収穫方法や輸送方法までさかのぼり、想像を膨らませてみる。つまり、何かと何かを関連させる訓練により、見えない世界を瞬時に想起させる。

おかずのハンバーグを五等分、ソーセージを三等分させることで、容量計算の感覚を鍛えるのもおもしろい。

アルバイトのお姉さんの**小粋なおもてなし**に気づいたら、話題に上げてみよう。観察力や洞察力が養われる。

また、友達の家族と共同でフリーマーケットに出店し、出品物の選定と仕入れ・価格設定・陳列・ポップ・呼び込み・クロージングなどの一連を経験させて、商売のフローやしくみを楽しく学ぶ。

そして、我が家の家計の収支を、親の給与明細書をもとに、包み隠さずに説明する。所得・税金・ローン返済・食費などの生活費から、順当な貯蓄額を逆算させる。ちょっとした**ファイナンシャルプランナー遊び**で、経済の勉強をする。将来に向けて、お金を生み出す投資なのか、単なるムダな浪費なのかを判別できるようになる。

電気・ガス・水道などの公共料金の分析により、マネー節約の必要性を認識し、カイゼンを行い、そのデータをアナログの折れ線グラフに書いて、成果を確認する。身の回りの各種事例を題材にして、金銭感覚を身につけさせたい。参考書やハウツー本を買わなくても、**生きた教材だらけ**であることに気づこう。

また、小遣い帳をつけるなども、とても良いと思う。何に使うお金かの目的をはっきりさせ、正しいお金の使い方を教える。計画に対する実績の管理方法の勉強になる。

そして高学年になったら、仮想の一千万円を株式に投資・売買することにより、家族で収益を競うゲームも、エキサイティングでおもしろい。投資先として、友達の両親が勤務する会社や、愛用品の製造会社などの身近なものに目を向ければ、さらに楽しく経済を学ぶことができる。抵抗感なく、子ども新聞から日本経済新聞の世界に飛び込んでいける。結果、数学力を楽しく体得でき、ロジカル思考が育つ。

勉強は、座学だけではないのだ。

「モノ」から「コト」へ

トヨタでは、**「やってなんぼ、観てなんぼ、観てもないのに、モノ言うな！」**との現地現物のカルチャーの大切さを表現したオモシロ標語がある。子どもに「モノ」を与えるのは消えゆくひと時の出来事であるが、経験の「コト」は、半永久的に体の潜在記憶に残り、人生の楽しみが倍増し、必ず幸福へと導かれる。つまり経験の集積は、人生のアドバンテージを得る秘訣である。

トヨタ式では、**「危険を伴わない失敗を、どんどんさせよう！」**と言われる。

あえて失敗の経験をさせることにより、本人の**問題解決能力**を向上させる。

安全上問題のある場合はもちろんNGであるが、それ以外は、本人の気がすむまで、とことんやらせる。家の中では、やりたい放題で大丈夫と考える。あまり目くじらを立てないで、細かいことを指摘しない包容力をもつようにしよう。そして子どもに、「楽にいこうね！」と言おう。

さらに良くしようと思って取り組む未知なる挑戦による失敗は、すばらしい宝物となり、将来の飛躍に必ず直結する。初めからうまくいくなんて、あり得ない。積極的なトライによる失敗は、決してムダになることなく、称賛に値する。

また失敗は、多少のまわり道ではあるが、実は地頭力と人間力アップには欠かせない経験だ。真面目な道草は、子どもの成長の肥やしとなるのだ。思い切って、ハシゴを外そう。必ず、光明は見えてくる。できそうなことだけをやらせると、親の能力を超えない。つまり、**自分のクローン**しか育成できないと考えた。

ではどうしたら、失敗を恐れずにトライしやすくなるのか？　親の数々の失敗談をごく普通に伝え、身近にいる親が、幾多の失敗を繰り返してきた失敗の達人であることを強調し、親のポンコツぶりを認識させた。自らバッターボックスに立って、フルスイングの空振りのありのままの姿を見せよう。

すると発展途上の親を見て子どもの気持ちが「楽」になり、臆病にならないで、何事に対しても平気でトライするようになる。思考停止に陥ることなく、積極的に行動をするようになるのだ。また、あえて人前で少しだけ恥ずかしい経験をさせると、それがバネとなり、早く確実に積極性が身につくものである。

人間は、厄介なトラブルを、早く隠したい、フタをして幕引きを図りたいとの逃避の心理が働く。実は、臭いものにフタをしてしまうと、中身から腐ってしまう。逃げることなく困難に立ち向かっていった経験の集積が、大きな自信につながるのだ。

数々の修羅場をくぐり抜けてきた百戦錬磨の上司から、「問題のない現場なんて、どこにも存在しない！」と、ド迫力の指導をされた。

　トヨタでは、ライン停止などにより莫大な損失を生じさせてでも、**「後工程に絶対に不良を流さない！」**つまり、**「品質は工程で造り込む」**という**「自働化」**の思想がある。

　自動の「動」ではなく、「働」を使用しているが、ハタラクとは、ハタ（傍ら）の人をラクにさせて役に立ちたいという意味合いである。生産性よりも、クオリティーを高めることが優先される。このトヨタ品質の日々の蓄積が、トヨタブランドをつくり上げた。よって、人の役に立つことができればブランド人間になれる。

　また、トヨタの現場では「よく止めた表彰」なるものがある。現場を知り尽くした匠の伝道師は、「失敗は、良いことなのだ！」と、体に染み込むまで現地現物で急所を教える。なぜなら、失敗を逆手にとって本領発揮のカイゼンをすると、以前よりもさらに良くなるからである。正に、「怪我の功名」であり、可能性が開花する。

　よく「忙しい」との嘆きを聞くが、カイゼンをしないから、忙しくなっているのだ。忙しいのは、それが原因ではなく、日頃の怠慢による結果であることを認識したい。

　連続する失敗を観察していると、**失敗の質がグレードアップ**するものだ。よって上司は、部下の勇気あるトライを、ベタ褒めしなければならない。すると、部下はまた次の挑戦をしてくれる。

　例えば、子育てにおいて、玩具がよく壊れる。悪気はないのだが、器用ではないため、手加減なしの乱暴な扱いをしてしまうからだ。実は、経年劣化により自然に壊れてしまったのではなく、壊したのだ。

子どもに怒るのではなく、どうして壊れてしまったのか、玩具をどのように大切に扱ったら二度と壊れなくなるのかを、一緒に考えたい。**モノの大切さ**を教え込む。すると、優しさと責任感が自然と芽生えてくる。

そして、思い出の靴・鞄・帽子などを新調する際に「これまで一緒にいてくれて、有り難う！」と言う口癖をつけさせよう。

また幼少期には、次から次へと出てくるティッシュ遊びをさせた。とても安全な遊びである。麻雀牌のガチャガチャ音も楽しいが、ティッシュのサクサク音も楽しいようだ。音だけでなく、手に伝わる触感がおもしろいと感じる。

子どもの直感を信じて、楽しいと感じることは、本人が飽きるまで、どんどんやらせるべきだ。脳が発達する。クシャクシャになったティッシュは、捨てないで、親があとで使えばよい。

シャボン玉遊びにおいても、溶液の調合やストローの形状や息の吹き方などをカイゼンしてみることで、いかにして大きなシャボン玉を連続して飛ばせるかの、試行錯誤の工夫をしてみるとおもしろい。

また、紙ヒコーキの飛行距離や滞空時間を、あの手この手の創意工夫を駆使しながら、競い合うことも然りである。

木工細工でコマをこしらえ、あるいは公園で拾ったどんぐりを使って、耐久レースで競うゲームも盛り上がる。

子どもが、躍動感に溢れるキラキラした目で、**ワクワク・ドキドキ**の無我夢中になって没頭する成功体験をとことんさせた。子どもがときめいた**本気のガッツポーズ**を、たくさん見てきた。

興味を抱き、熱中していることは、絶対にストップさせないことが基本である。興味をもった「コト」に対して、親の都合で阻害せず、トコトン最後まで付き合う。親の先入観や勝手なバランス感覚を当てにしない。

よって体験は、いろんな領域のものを満遍なくではなく、凸凹であってよい。

トヨタでは、自身のスキル磨きを図るために、自分をさらにブラッシュアップし、その道の達人を目指す「固有技術研鑽」という言葉が頻繁に聞かれる。子どもを、何かの達人にしてあげよう！

ときめき体験は、心と体の栄養素であり、自分の世界が果てしなく広がる。万巻の書に値するくらいの価値があり、型破りな人材が育成される。漫然としていないで、子どもが何に興味を示すのかの高感度のアンテナを張りたい。

例えば、子どもがミニカーに興味をもった場合、トヨタ産業技術記念館に行く・カーディーラーに行く・街なかを走る車名当てクイズをする・ナンバープレートの数字の合計値を暗算させる・働くクルマの図鑑を読む・ゴーカートでサーキットを走ってみるなどの具体的な関連体験を、次から次へと実施してみた。

家族でのお出かけは、マイカーを極力使わないで、**知的好奇心**を刺激する電車やバスなどの公共交通機関を活用し、乗務員さんの仕事ぶりを観察したり、車輌の製造年月を確認したり、停車駅当てクイズなどをすれば、盛り上がって楽しい。結果、専門知識の深掘りもできるし、記憶力も高まる。

子どもが興味を示したことに対して、親も**本気で好きになることが鉄則**である。親の無邪気な様子を見た子どもは、うれしくなって、さらに興味をもつようになる。

感動体験は、「百聞は一見に如かず」である。つまり、苗木の枝葉をグングン伸ばして、子どもの潜在意識の根底にある知的好奇心をあらゆる角度から心地よく刺激したい。

また、何気ない**日常のディテール**にこだわることが大切である。執着心や計画実行力が養われる。

映画・演劇・講演会・地域の各種イベントやお祭りなどに積極的に出向けば、豊かな一般教養と社交性が自然に身につくはずである。無形のものに**付加価値を見いだす訓練**をしたい。

例えばスポーツ観戦では、プロ野球や東京六大学野球やサッカーＪリーグなどのスタジアムでの観戦を通じて、テレビとの臨場感の相違を、生で体感させた。特に、東京六大学野球の東大生が勝利を目指す気迫あふれるプレーを観戦すると、「東大生でも、ここまでできるんだ！」と、文武両道のすさまじさを実感させられる。そして、翌日の新聞記事を読んで、客観視させる訓練をする。

そして何より、**プロフェッショナル人材の本物の技術と心意気をリアル体感**させたい。圧倒的な場数を踏み、後述する標準作業をひたすら繰り返し、体に焼きつけると、凄みのあるプロに近づける。

親として、子どもの興味から連想した感動体験のための環境づくりが、肝要である。すると、一人じゃない、皆に支えられているという感謝の念をもつことができる。

大切なことは、体験したあとに自宅に戻り、感想を冷静になって家族で議論したり、疑問点やカイゼン点などを、「これでいいのか？」と、腑に落ちるまでとことん考え続けさせることだ。必ず、「君と一緒のお出かけは、楽しかった！」と言おう。

さまざまな経験の場数より、脳内のシナプスが増加すると学習力がアップし、子どもの進路の選択肢がさらに広がる。

つまり、多様な経験によるインプットがなければ、クリエイティブなアウトプットは創出されない。無限の可能性を秘めている子どもの隠された扉をオープンさせたい。食わず嫌いにならないように、機会損失に対して、細心の注意を図りたい。

「来週の日曜日は、〇〇で△△体験をやってみよう！」と言おう。毎日、ワクワクと期待感をもちながら、楽しく生活することができる。

トヨタでは、**「タテ・ヨコ・ナナメのネットワークの人脈を構築しよう！」**と言われるが、ありとあらゆるコミュニティーからいろんな方を誘ってみるのも、シナジー効果により新たな発見につながり、さらに子どもの人脈が広がる。憧れの先輩や尊敬できるパーソンを一人でも多く増やすことで、子どもの視野を広げて、目標レベルを、一段二段と上げさせたい。

フルマラソンである人生において、たくさんの経験ができる幸せは、極上の宝物である。親の子どもに関わる覚悟と行動次第であり、これが見返りを求めない親の真の愛となる。「天は二物を与えない」との格言があるが、それなら必ず、「一物はある」はずだ。親として、**差別化を図れる圧倒的な一物**を見いだしてあげたい。そのためには、真心の愛情と努力が必要不可欠である。

経験知により体に蓄積された各種スキルは、決して没収されることはない。なぜなら、人間の強固な根っこになるから。

親として、**「やらせなかった後悔より、やって後悔！」**である。子育てにおいては、損得勘定ではなく、真面目に愚直に徹底的に、信念を貫きたい。

タテ糸とヨコ糸で生地を織り上げる自動織機の発明がトヨタグループのルーツである。

多くの人との出逢いと、多岐にわたる経験というタテとヨコの糸を幾重にも織りなして、みのり豊かな人生を歩んでほしい。

安全を教え込む

トヨタの管理指標の優先度は、**安全と品質が最重要事項**である。この二指標は、生産性・コスト・納期・モラル・環境などの各種の管理指標をはるかに上回る。安全と品質は、微動だにしないプライオリティー一番二番の別格の指標なのだ。この考え方が、すべての設備計画や現場の運営管理のベースとなり、あらゆる業務にも適用される。

そこで子どもには、**管理指標を意識させる訓練**をしたい。「海と山、どっちに行きたい？」と聞こう。次に、子どもの選択に対して、「仮に、今が夏だったら、冬だったら、友達と一緒だったら、祖父母と一緒だったら」といろいろな仮説の視点から、先入観を捨てさせて、徹底的に考え続けさせる。子どもに、スピード感ある**意思決定力**をつけさせたい。

トヨタの一日は、朝礼の安全宣言で始まり、夕礼の安全確認で終わる。つまり終日、**安全漬け**である。一つの災害が発生すると、数千倍、下手をしたら数万倍のコストに跳ね返ってくることを覚悟しなければならない。

よって安全に関しては、災害の未然防止のために、経営リソースを相当投入しなければならないということだ。安全への積極的な投資は、損をしないどころか、必ず儲かるのだ。トヨタの現場経験則から、証明されている。

ちなみにトヨタの新入社員教育で、赤チン災害の多いカッターナイフの使い方を指導するが、子どもにもナイフを与えて、鉛筆削りの猛特訓をする。どう扱ったら、安全で高品質に鉛筆が早く削れるのかを考察する。

またトヨタでは、「知らぬと仏」という、語り継がれる教えがある。「知らぬが仏」ではない。この危険性を知っていないと、仏さまになってしまうよという、戒めである。

安全が担保されている職場や現場は、どこにも存在しない。唯一存在するのは、リスクのみであり、安全神話はあり得ない。

そこで、無防備で幼気《いたいけ》な子どもに、疎《おろそ》かにしがちな**安全の大切さ**を確実に教える。昨今、公園の遊具・横断歩道・側溝・河川敷・暴走自転車・電車のプラットホーム・エスカレーターなどにおける子どもの事故が多発している。

トヨタの危機管理の取り組みとしては、**最悪を想定して最善の対策**を練る。新聞の三面記事の痛ましい事故事例を基に、どうしてこの事故が発生してしまったのか、どうやったらこの事故を防げたのか、盲点がどこにあるのかを、作戦会議のように、ファミリーで話し合いたい。

さらに、横断歩道の電子音やプラットホームの黄色の突起物や券売機の点字が、いったい何を意味しているのかを一緒に考察したい。体の不自由な方に対して、優しく思いやりの心のあるパーソンになれる。

そして、危険源の近くでは、必ず、ギュッと手をつなごう。大切に守られていることを実感し、安全に対する意識が向上する。

高齢者ドライバーによる誤操作や無謀運転事故も、日常茶飯事になってきた。一瞬にして、奈落の底に落ちてしまう。

繰り返すが、トヨタの管理指標のプライオリティーは、安全第一である。品質第二があるから、第一の安全がクローズアップされて活きてくる。これがトヨタの、企業文化である。

すべて、現地現物現認にて、実在するリスクの急所を、繰り返し教える。どこに危険が潜んでいるのかを、言葉に出して考え続けさせたい。

トヨタの安全ポイントは、**安全の基本行動と危険予知の二本柱**である。現場の実体験が本質安全につながる。

家庭で子どもが、ガラスのコップを割ってしまうときがある。「ダメじゃないの！」と叱責の言葉を掛け、勝手にプラスチック製のコップに切り替えるのは、無意味なことであり、何も進歩しない。「怪我をしなくてよかったね！　形ある物は、いつか壊れるよ。次から、どう扱ったら割れてしまわないかの解決策を、一緒に考えようよ」である。

子どもが失敗をし、ちゃんと謝れたら、「よく謝れたね！　偉いよ」と、ギュッと優しくハグして褒めたい。すると、**その気モード**になって、さらなる挑戦をするようになる。

よく、「気をつけなさいよ！」との警告の言葉を聞くが、ご法度である。まず第一に、気をつけなくてもよい安全保障のしくみを造り込み、安全教育の訓練を定期的に実施することを心掛けたい。

家族全員参加の現地現物における安全教育が、子育ての愛情教育の第一ステップと考えたい。親として、**かけがえのない地球より重い命**を、命を懸けてでも守り抜く意思を有することが、無条件の絶対的愛情である。安全を広辞苑で検索すると、平穏無事と記されている。

また安全は、心理学者マズローの欲求の五段階図に、身の安全を守りたいとの基礎的な欲求として、位置づけられている。よって子どもには、情緒豊かに、心安らかな生活を送らせたい。

選択と集中

トヨタでは、**「選択と集中」**と言われる。現代人は、とにかく忙し過ぎる。限られた人・モノ・金の経営資源を、優先順位をつけて有効活用しようという意味だ。活動ポイントは、「なくせないか、減らせないか、ほかに方法はないか」の三つの着眼点である。

そのなかでも、人材は会社の最大の資産である。よく、「人材がいない」と嘆かれるが、人材は、育成するものである。

究極の人材育成である子育ては、多少の投資は必要であるが、優先度を考慮しながら、親のバイアスを掛けず、心が躍動して成長を実感できるような、**ワクワク経験**をさせることに心掛けたい。

たくさんの種をまけば、成長エンジンの糧となり、子どもは育てようとしなくても、勝手に育っていく。親の先入観で、K点（限界ポイント）を決めてしまわない！　どれだけ才能や可能性を引っ張り出してあげられるかが勝負である。まったくもって、心配ない。

キャリア形成をするために、**本物を体感**させることを意識する。プラスチック製ではなく、日本の伝統工芸である漆塗りの箸やお椀を与えたい。普段使いのものこそ、あえて厳選された良品を選びたい。

町中華のラーメン五杯もいいけれど、三ツ星ホテルのレストランのランチをチョイスしたい。味だけでなく、**一流のホスピタリティー**を学べる。つまり、コストではなく投資と考える。

身近なプロフェッショナル人材から名人芸と心得を学んで、感性を磨きたい。イメージトレーニングができれば、最高だ。本物の技術と心意気に感化されると、**目利き力**がつく。子どもの人生を豊かにしてあげられるかどうかは、親の行動次第である。子どもを過小評価してはならないし、親の先入観と価値観は、迷わず捨てることだ。

子どもが興味を示した領域において、**師匠とか恩師とか**、尊敬できるような方との接点を、親としてつくってあげたい。「ベストに学び、ベストに近づき、ベストを追い越す」のベンチマーキングの考え方である。

同世代だけに偏った、つるんだ群れる集団のローカルエリアに閉じ込めてしまうことは忍びない。そもそも異常な世界であると考えたほうが、ベターであると思う。かごの鳥の安全地帯から脱出させ、あらゆる世代と交流させる。古き良き昭和の時代を見習いたい。「上には上が、星の数ほどいる」と、広くて未知の世界を実感させよう。子どもを、「井の中の蛙大海を知らず」にしてしまうことは、とても悲しい。

また、肌色の異なるさまざまな人種と**異文化交流**する機会を、積極的につくりたい。目の色や肌の色が異なるだけでなく、文化・宗教・ライフスタイル・人生観・物事に対する価値観や思考回路の驚愕のバックグラウンドの相違を肌で感じることができる。

視野も多面的に広がり、体でぶつかっていける度胸もつく。「虫の目&鳥の目」の、マクロ視点を目指したい。

そして、幅広い**多様性を寛容**できるようになると、ニュートラルなスタンスで物事を受け容れる素地ができて、知的で創造力に溢れた聡明なパーソンになれる。

日常の生活圏に囲まれたフレームを飛び出して、異なる価値観を学ばせよう！「朱に交われば、赤くなる」は、何としても避けたいものだ。つまり、スタンダードは決して一つではない。積極的にダイバーシティーを学びたい。

日本の常識は、世界の非常識である。太陽の色も、虹の色も、ニワトリの鳴き声も、国によって異なる。エジプトのピラミッドは、見る角度によって、円錐・三角形・四角形にも見える。北半球の国と南半球の国の世界地図は、南北が逆である。

既成概念にとらわれないように、大局的な視点から、氷山の下にある**物事の本質**を見極める訓練をさせたい。唯一絶対の答えは、存在しない。幼児化する世界情勢のなかで、「そのような考え方もある」と、人の失敗や過ちを許容できる器量を備えた好感度抜群のパーソンになってほしい。

子どもがアルバイトをする時期がやってくる。アルバイトの目的は、学費や生活費を確保したり、遊興費を稼ぎ続けることではなく、未知なる経験を積ませることである。親が銀行から資金を調達してでも、余分なアルバイトをさせない。銀行の存在価値は、正に人づくりであると考える。子どもの貴重な時間を奪ってはならないことを、肝に銘じる。

二度と戻ってこない**ゴールデン期間**をしっかりと意識する。

アルバイトをさせるとしたら、子どもの今後の人生であり得ないであろう経験だけを条件としたい。

子どもには、「経験知を積むためには、お金をどんどん使いなさい！」と、繰り返し言ってきた。親が贅沢をしないで、節約をすればすむことだ。経験知の獲得のための投資は、家計の最優先事項と考える。工夫してお金を使うようになるので、実はそんなに使わないものだ。すると、お金を使わないで、無限の智恵を使うようになる。

子どもから、「お父さん、お金を工面してほしいんだけど」との相談があった場合、「いいよ。いつまでに、いくら用意すればいい？」と、二つ返事で迷わずに即答する。快諾したあとに、「ところで、何の目的に使うのかな？」と、さりげなく聞いてあげることが鉄則である。

ドキドキして頼んでくる子どもに、お金の心配を微塵も感じさせないことだ。

東京大学の総長が言及されているのは、教養の重要性である。世界に通用するビジネスエリート育成の意味がある。日本人に欠けている教養を体得させる教育を、年々充実させる方針を打ち出している。

教養とは、人間を解放する学びの宝庫と捉え、夢の実現のために、生活を豊かにするための智恵を習得することである。そして、豊かな教養を身につけると、周りからも感謝されて、**幸福な人生**を送れる。間違いないと断言できる。

ポンチ絵を描く

トヨタ式では、企画立案のスタート時には、**「ポンチ絵を描くべし！」**と言われる。ポンチ絵とは、簡易的な漫画のことを意味する。つまり、**アイデアの見える化**であり、職場力アップに向けての求心力を有する。

昨今は、漫画を描けるパーソンがいなくなった。例えば、会議中に自身のアイデアをホワイトボード上に漫画で図解化して、それを基にして、組織のコンセンサスを一気に獲得する。実は、ポンチ絵を描きながら、自身の頭の中のイメージを具体化・具現化に向けて整理しているのだ。

トヨタでは、**「わいがや会」**なるものが存在する。皆で膝を突き合わせて、批判厳禁・自由闊達のルールを基に、わいわいがやがやする、話し合いの文化である。

一人だけで考えるよりも、「ああでもないこうでもない」と、喩え話を交えて、ブレインストーミングにより皆で智恵を絞ると、突拍子もないナイスなアイデアが次々と創出されるのだ。

そこで子育てにおいては、家族でわいがや会をしながら、よく漫画を描かせた。もちろん、日常生活のなかで、親が率先してポンチ絵を描く手本を見せることが大切である。描写力のアップを褒め続けた。

数年後には、四コマ漫画を短時間で描けるまでに成長した。物事の起承転結のストーリーを、**簡潔にまとめ切る力**がつく。五・七・五で詠まれる定型詩の俳句に相当する。

読書をするにあたり、漫画は有益かどうか？　と、賛否両論があるが、本人が興味をもつ漫画ならばよいと考え、せめて自分で選ばせて購入させた。

外出時には、公園のベンチで、水性絵具・クレヨン・色鉛筆を活用し、命輝く自然の動植物を観察する写実的なお絵かきが、描写力を高める。外遊びから自宅に帰ったら、今日楽しかった情景を想起させたお絵かきにより、創造力と記憶力を高める。結果、季節の感覚も身につけさせることができる。

家中の至る所で漫画が描けるように、できる限り大きな画用紙もしくは、**壁一面に模造紙**を貼っておき、のびのびと塗り絵や落書きを自由奔放にダイナミックに描かせた。はみ出したって、壁を汚したって、何をしたって、大丈夫である。

世界屈指の芸術家の名言どおり、「キャンバスからはみ出せ！」である。

定型紙の寸法制約に縛られてはいけない。自由が抑えつけられて、発想が限定的になってしまう。子どものオリジナリティーを尊重したい。

日本人が世界に冠たる芸術の評価を受けているのは、四季折々の大自然と触れ合うことで体得した、日本人ならではの五感を研ぎ澄ませた、自然観が根本にあるからだ。子どもに、葛飾北斎のようなずば抜けた観察眼と芸術的センスを学ばせたい。日本人としての繊細なる感性が宿る。

特に父親は、余暇を十分に活用して、人生のラーニングセンターである**五感を刺激するアウトドア**へと導きたい。フットワークを軽くすると、体も心もアクティブとなり、自然に仲間が増える。非日常の世界は、正に宝の山である。心が洗われる大自然は、新たな発見と感動に満ち溢れている。

また、広場における全力のキャッチボール遊びで、親子一緒に汗をかきたい。最近は、ボールをまともに投げられないお子さんが多いそうだ。球技は、反射神経と動体視力アップが養われる全身運動である。

お出かけ時には、積極的に**いろいろなことに食いついていく意識**をもつ。例えば、銀ブラをしながら、「このあたりの地価は、一坪一億円以上だよ！　高級車が何台買えると思う？　なぜ、そんなに価値があると思う？」と問い続ける。

チラシやティッシュ配りのお兄さんから進んで受け取る。ティッシュの配り方や声の掛け方をこう変化させたら、早く確実に仕事を終えられるのではないかとか、印刷された宣伝コピーを見て、キャッチフレーズをこうしたら印象が良いのではとかを話し合う。延々と、腑に落ちるまで考え続けさせる。

上を向いて歩きながら、看板のデザインをこう変えたら、あのご当地キャラクターを採用したら、顧客がもっと反応するのではとかのプロモーションのカイゼン点をトコトン考え抜く。ビジネスに関心をもつ視点が養われる。

社会勉強の一つとして、街なかを歩く人々に目を凝らして、小粋なファッション・すてきな携帯品・おしゃれな会話などをくまなく観察し、何かを感じて、何かをつかみ取ってほしい。

特に、**街角の行列**には、あえて食いつきたい。そこに何かがあるから、流行《はや》っているのだ。**目利き力**を鍛え、なぜ流行しているのかの本質を見極めて、親子で時代背景や、市場ニーズのトレンドや、先進的な技術や、コラボレーションのアイデアや、販売価格などから一緒に考えてみよう。

何気ない巷の情景からも、純粋に真実を探り出す姿勢を維持したい。街なかには、すばらしい生の教材が五万と転がっているのだ。マーケティングの勉強にもなり、自分の世界が、格段に広がる。何事に対しても好奇心旺盛な、魅力のパーソンになれる。

日本は、**モノづくり大国**である。よって、自動車・マヨネーズ・新聞・お菓子・飛行機など、いろいろな工場見学をさせた。科学の実験教室・陶芸・ガラス細工・風鈴作り・そば打ちなどの体験ツアーにも参加させた。

ただし、体験して「おもしろかった、楽しかった」だけで終わっては、あまり意味がない。子どもには、「この経験を、今後にどう活かすのか？」を問い続けたい。

また旅行先として、日本に数多く認定されている世界遺産を優先的にチョイスしたい。ため息が漏れるようなニッチな美術館や各地域に存在する文化財や科学館や博物館も、最大限に活用したい。子どもの吸収力は、想像を絶するすごさがある。

また、街角のさまざまなシーンの何かを素材として、家族皆で**しりとりや連想ゲーム**をするのもおもしろい。リレー方式で、徐々にスピードをテンポアップさせると、盛り上がる。見えないものを有機的につなげる柔軟な発想を養うトレーニングにもなる。ＡＩが得意とする相関関係を導き出す高度な技術に肉薄したい。

断片的な知識や有益な情報をリンクさせる地頭力をアップさせる訓練により、何気ないふとした瞬間に、クリエイティブなアイデアが浮かぶようになる。

家族ゲームとして「生麦生米生卵！」のような**早口言葉**をわいがや会で楽しむことも、脳の活性化を期待できるし、家族が一体化できる。併せて家族で、おもしろおかしい**なぞなぞ大会**も、**何かと何かを関連させるイメージトレーニング**としては最適である。

また定期的に、壮大なる大海原を見せた。水平線の彼方を想像させ、広い視野を有してほしい。魚釣りや潮干狩りや手漕ぎボートや夏の海水浴も経験させたが、人のいない冬の海岸がお薦めである。特に波打ち際は、ヘンテコな生きものもいるし、良き思い出が残るものだ。グローバル世界を意識させる。

トヨタでは、創業者である豊田佐吉翁の、「障子を開けてみろ、世界は広いぞ！」の名言が語り継がれる。子どもに、世界の果てしない広大さを実感させる。

山奥のキャンプ場で、家族で肩寄せ合って、夜風に当たり、虫の音を聞きながら、満天の星を鑑賞したことも、良き思い出として残っている。

さらに、プラネタリウム鑑賞で壮大なる宇宙の旅をするのも、グッドであった。

次は一転して、一気にミクロの世界に突入し、顕微鏡の倍率を変えながら、生物観察をする。生態の特徴をまとめて、スケッチ・コメント・感想の三つを、手書きで記述する。

地頭力を鍛えることで、志を有したスケールの大きな、**幸せを量産できる、余人をもって代え難いパーソン**に育てたい。

第二章　子どもの探究心を躍らせるためのトヨタ式

「五回のなぜ」を繰り返す

トヨタでは、**「五回のなぜを繰り返せ！」**のキーワードがある。つまり、真因を追求しよう！　ということであり、正にカイゼンの肝である。いかに当たり前の常識を疑って、想定外を想定内にできるかの真剣勝負である。

問題をあいまいにしないで、「しつこく、しつこく、これでもか、これでもか」と、真面目に愚直に徹底的に、真因を追求するのだ。問題のない現場なんて、どこにも存在しない。

日頃の業務のなかで感じた純粋な疑問を投げ掛けることからスタートする。絶えず問題提起を繰り返していると、不思議なことに、**ひらめきが生まれる**のだ。

子どもは、好奇心が非常に旺盛であり、インスピレーションの感度が極めて高い。「これって何？　どうして？」と、純真無垢な疑問を、屈託なくぶつけてくる。親はいい加減に面倒になると、「それは、こういうことなのだよ」と、親の時間軸で子どものペースを遮り、すぐに結論までもっていく。

親の身勝手な都合で、子どもの潜在意識の根底にある**知的好奇心**を無理やり押さえつけてしまう。

「どうして?」の言葉を聞いたら、ユニークな発想であると感嘆して、将来イノベーションを起こせるパーソンになるための輝かしいジャンプ台に立っていると考えよう。子どもの成長の芽を摘んでしまわないように、大切に育てたい。せっかく、探究力とヒヤリング力がつくのに!

安易に答えを教えてしまって無理やり納得させないで、逆に「どうしてだと思う?」「なぜだろうか?」と問い続けて、徹底的に考え続けさせる。教えるとしたら、せめて、ヒントだけを与えたい。

すると、「うーんとねぇ」と、奇想天外な答えを返してくる。目を観て相槌を打って、とことん真剣に聞いてあげる。言葉シャワーの応酬を繰り広げ、思考を深めさせたい。「なるほど、良く考察したね。すばらしい発想だ!」と大人言葉で大げさに驚いてリアクションしてあげると、さらに物事に対して深い興味を抱くようになる。

子どもに自信をもたせるために、あたかも自らが導き出した発想のように、自然に誘導してあげるとよい。

また、その発想をマンガなどで、即席で書かせてもおもしろい。アウトプットをとことん繰り返すことにより、自然に物事の本質を探究する希少な能力を獲得できるようになる。地頭力やひらめき力を鍛えることができる。想像力が向上することで、ある瞬間にふと思いつくインスピレーション力がつく。

「五回のなぜ」に慣れてくると、例えば学校の教室では、手を高く挙げて、ポジティブスピリットで発言をしたり、グッドクエスチョンを、平気でするようになる。

そして社会人になると、混沌とする状況においても、「ちょっと待てよ」とか、「そもそも、これって」などと、ＴＰＯに合わせて、着眼点を自在に変えられるオピニオンリーダーになれる。五回のなぜを根気よく繰り返すことにより、ヒヤリング力とコミュニケーション力がつく。将来は、自慢話ばかりするオジさんにはならないだろう。結果仲間もたくさん増えて、人生得することになる。

トヨタ式は、**「悩まないで、徹底的に考え抜け！」**と言われる。つまり、自分で考えた解決策を文字に記述できなければ、何も考察していない何よりの証拠であると解釈される。子どもに悶々と悩ませないで、親子で徹底的に考えた分だけ、本質探究の達成感を味わえ、深い洞察力も得られると思う。問題に気づき、自分で考え自分で決める、流行に惑わされない確固たる意思を持たせたい。ひたすら、なぜなぜの繰り返しである。疑う余地はない。

これが、お金をかけない**智恵と創意工夫を駆使する子育ての極意**である。

ちなみにコロナショック時、トヨタ自動車社長は、「深刻にならなくてよい、真剣になろう！」との前向きのメッセージを発信した。悩んでしまうと、体が萎縮してしまい、平常心を保てないからだ。理屈ではなく足を一歩踏み出して、「今に、全力で取り組もう！」ということだ。真剣になればなるほど、味わい深い人間になれる。

訓練道場とスキンシップ作戦

トヨタ自動車社長の、「もっと偉くなりたい！　のではなく、もっと成長したい！」を意識すべきと、心に響く魂のメッセージがある。

そのためにトヨタの工場には、**訓練道場なる修業の場**が多数存在する。安全・品質・環境・保全・組立・溶接・物流道場などの○○道場が、生産ラインの脇につくられている。

なぜ、訓練道場なのか？　人は皆、**本能的に成長したい**との、強い自己実現の欲求がある。会社として、成長のためのネクストステージを、社員に無償で提供しようとのしくみである。教育の機会は、会社の社員に対する極上の愛である。

資料を配布して「はい、おしまい！」ではなく、「執念をもって繰り返し、やり切る！」ことである。これがトヨタのＯＪＴ教育であり、確実に各種のスキルが向上する。トヨタでは、これを**多能工化**と言い、フレッシュなモチベーションがアップする。

上司が部下に、一方的に「やりなさい！」と、上から目線で言う。最初は、上司の助言を渋々と聞くが、決して長続きはしません。トヨタでは、これを労働強化と言い、上司が部下に自ら手本をやってみせることを、トップダウンと言う。

つまり、トップがダウンポジションまで下りなければ、何も始まらない。親の立ち位置とスキルアップのための環境整備が、とても重要である。

子どもの潜在的なポテンシャルは、果てしなく大きい。よって、子どもが興味を持ったことを、**親も本気で好きになることが鉄則**である。親の無邪気な様子を見た子どもは、うれしくなって、さらに好奇心を持つようになる。とことん本質を極めさせるには、成長を促進する生活環境をしっかり整備してあげることだ。

トヨタの現場では、**「タッチ&コール！」**が行われる。朝礼などで、全員で輪になって、手と手を重ね合い、「今日も一日、ゼロ災害よし！」のタッチ＆コールで、一日のスタートを切る。安全ミーティングを、朝一番に三十秒以内で実施する。

現場は、皆「孤独」であり、声を掛けてほしいし、自分のことを理解してほしいと、心底思っているのだ。それは、人間の本能である承認欲求の表れである。皆でタッチし合えば、アドレナリンが放出されて、職場力がアップすると言われる。

脳の発達と言えば、肌へのタッチ刺激がとても大切である。なぜなら、**肌は、第二の脳**と言われているからだ。

ある女優さんは、起床後一番に、「朝だよ！」と体全体をポンポンするのを日課にされているそうだ。皮膚から脳へと伝達する刺激により、細胞レベルまでくまなく覚醒させることが、美貌と健康を保つ秘訣なのだろう。皮膚と皮膚が触れ合う、親のぬくもりを肌で感じる、圧倒的なスキンシップが重要なのだ。

よって子育てにおいては、**子どもの肌を触りまくる！**が鉄則である。とにかく、たくさん触れ合った。幼児は、親の肌に直《じか》に触れると、心地よく感じ、心底安心し、幸福感で満たされる。愛情たっぷりの人間性が育まれると思う。裸で抱っこ、ギュッと優しくハグして、**好き好きコール**をする。肌へのタッチを繰り返せば、脳がグングン発達する。

手をカイロで温めて触診するお医者さんがいるが、子どもを安心させるためにも、手を温めておくのが基本である。スキンシップの足りなかった子どもは、情緒不安定となり、残念ながら愛情にも欠けてしまうと思う。

いつまで子どもとべたべたしているのかと言われても、勝手に育っていくので、まったくもって心配ない。愛情を求められたら、親の真心で、思い切りかまってあげるようにしよう。

指舐めを嫌い、おしゃぶりを与えてしまう親が多いが、もっての外と思う。気持ちいいから指をしゃぶるのだ。どんどん指をしゃぶらせて、シナプスを増加させれば、自然に脳は発達する。子どもは、親離れの時期が来ると、自然に離れていく。

勝負にこだわる

トヨタ自動車社長が、東京オリンピック・パラリンピックの闘いに挑むアスリートに向けて、「参加することに意義があるのではなく、絶対に勝ってこい！」と執念を感じる強烈なメッセージを発した。ここにトヨタの勝負にこだわる**「負け嫌い」の精神**がある。

そこで子育てにおいては、相撲取りではないが、**リアルのぶつかり稽古**が大切と考えた。よって、ベタではあるが、子どもと取っ組み合いの相撲をとる。決して諦めさせないように、勝ったり負けたりを、交互に繰り返す。勝ち方を学んで、**勝負にこだわらせ、負けず嫌いの性格**をつくる。そして、ふかふかの柔らかな布団に、子どもを放り投げる。

また窓際の著者は、お馬さんごっこで、毎日のように馬になった。子どもは、振り落とされないように、笑いながら必死でしがみついてくる。

次に、足でうつ伏せ状態の体を持ち上げる飛行機ブンブン遊びをした。楽しく、**ワイルドにスキンシップ**をして、一緒に汗をかきたい。少々落ち着いたら、ボールころころ遊びで楽しむ。また家族で、だるまさんが転んだゲームで、盛り上げる。

トヨタでは、勝負を決めるのは現場だと考えるが、重要なキーワードに、**「現地現物主義」**がある。「人に聞くな、モノに聞け！」とも言われる。真実は現場にのみ存在することを、這いずり回ってでも自ら手に入れて、原点に立ち帰る。すると、あいまいに漂う解釈の幅を絞ることができるのだ。

現場からよく、「嘘だろ！」の声が聞かれ、不測の事態ばかりが日常茶飯事のように起こる。

きれい事ではなく、現場とはそういうものである。

訓練道場の教訓として、**「三つの坂を意識しなさい！」**と指導されるが、**「上り坂・下り坂・まさか」**を意味する。

子育てにおいても、まさかのトラブルが頻発するのだが、決して慌てることなく、冷静に「今度は、そうきたか！」と、不測のイレギュラー対応を楽しんで行う。

トヨタマンの理想の人物像は、「現地現物主義に基づいて、泥臭く、真面目に愚直に徹底的に、主体的にやり抜いていける人」と記されている。つまり、デスクに軸足を置いてしまうと、机上論の頭でっかちになってしまう。理屈っぽい空理空論は、何の役にも立たない。

トヨタの現場では、「先取りの原則」に基づいて、異常を早期発見するために、ビデオなどを設置して定点観測を行う。

子育てにおける現地現物主義は、何はともあれ、子どもにぴったりと寄り添い、いつもとは異なる**微妙な変化点**をしっかり観ることにほかならない。**普段と異なるしぐさや微細な表情の変化**を、必死で感じ取ろう。

トヨタ自動車社長の「行動なくして下す判断は、失礼！」という、現場にフォーカスを当てることで、現場をリスペクトしようという名言がある。「生兵法は大怪我の基」の諺にあるように、中途半端な知識に頼ってはいけないのだ。いずれ周りからお払い箱にされてしまうことは必至である。

そして、上っ面だけの価値のない美辞麗句のオンパレードは、思考回路がストップしてしまうため、即刻に排除したい。最適解は、会議の資料（死料はＮＧ）ではなく、現場に落ちている。現場は、決して嘘をつかない。事実をベースにしなければ、ロジカルシンキングはできない。

著者が受けた一九八〇年代の新入社員研修では、五ヵ月間にわたり、販売実習と現場実習の厳しい洗礼を受ける。販売のつらさと、生産のつらさを、**生の現場**から、身をもって体感する。

子どもにも、現地現物の大切さを教えよう。つまり、人の発言をそのまま鵜呑みにしたり、噂話をストレートに信じたりすることなく、必ず自分の目で現認させる。トヨタの

「後工程引き取り」の考え方に基づいて、**「ほしい情報は、自ら進んで取りに行く」**が原則である。鋭い観察力の獲得とコミュニケーション力をアップさせ、**足で稼げる**人物になってほしい。

トヨタの代表者・役員は、**現場に軸足**を置いて、スマートな経営判断をしている。体当たりの精神が重要だ。降りかかる難題に対して、臆病にならないで、いかに体でぶつかっていけるか！　ということである。

一歩を踏み出す勇気、つまり胆力が、とても重要である。逆境に飛び込んでいける肝が据わった勇気を、体で覚えさせたい。

ところで、島国日本は、同質化を求める内向き民族という歴史的背景がある。窓際の著者も古来の日本人と同様に、人見知りで引っ込み思案な消極的な性格に悩んでいる。これでは、世界観は広がらない。せめて子どもには、フロンティアスピリットでグローバルにたくさんの友人をつくってほしいとの願いがある。

あるお笑い芸人さんが海外ロケ番組で、外国人に対して、滅茶苦茶な文法のひどい英語力ながら、ボディーランゲージでしっかりとコミュニケーションをとられる勇姿を拝見する。お見事、すばらしい！　体当たりの大切さを痛感する。

子どもを一年間の海外留学に送り出す際、父親からの贈る言葉として、「極論すれば、辞書は持っていかなくていい。理屈ではなく、体でぶつかっていくことだけを意識してね」と、一点だけを伝えた。

また英語力の体得は、TOEIC®の高得点獲得が目的ではない。真の目的は、英語力があれば、数十億のパーソンと友人になれることだと強調した。日本語オンリーだと、せいぜい一億人程度に過ぎない。

目的意識を明確にさせて、**動機づけ**を与えると、スキルアップのスピードが断然アップする。ますます加速するグローバル社会における、飛躍の可能性を教えた。

結果、何事にも物怖じしない、タフでバイタリティーに溢れたアグレッシブな日本男児になった。そして、異国人の懐に平気で飛び込んでいける、強靭なメンタルを獲得した。

混沌の様相を呈している厳しい世の中に一人放り出されたとしても、たとえ難民になったとしても、人間が生きている場所なら、独力でたくましく生き抜ける。

どんな子どもにも、約束された未来はない！　先行き不透明な未来に対して、独力でフレキシブルな発想で、自身の進むべき道を切り拓いていくしかほかに方法はないのだ。

親の子育てに対する決意と覚悟によって、子どもの未来像が必然的に決まる。親のひたむきさを感じた子どもは、負けてたまるかと奮い立って、「やってやろう！」という、本気モードになって幸せにたどり着ける。

ゆえに、**親の生きざま**を見せつけたい。

五感教育を極める

トヨタでは、商品の品質向上を狙って、**「あらゆる五感を研ぎ澄ませ、カイゼンを加速すべし！」**と指導される。子どもには、視覚・聴覚・触覚・味覚・嗅覚の五感を刺激する、心が躍動するようなワクワク経験をさせることに心掛けたい。**ときめき体験は、心と体の栄養素**であり、感性が磨かれて、自分の世界が格段に広がる。

感動体験で体得したバランス感覚は、一生体から消えることはない。それは、一度自転車の乗り方を覚えたら忘れてしまわないことからも証明できる。

人間の本能を刺激することで、情緒が豊かに育ち、ひいては精神状態が安定する。子どもの潜在意識の根底にある知的好奇心をあらゆる角度から心地よく刺激するフィールドに、積極的に出かけよう！

非日常の**アウトドアは、五感を刺激する人生のラーニングセンター**と言える。大自然と語り合い、一つに結ばれよう。

大自然は、新たな発見と感動に満ち溢れている。

子どもに、無限のおもしろさを教えよう。動植物や爬虫類や昆虫に至るまで、牧場で羊に触れさせ、海岸でカモメの鳴き声を聞かせ、奥山でクワガタ捕りや、ニジマス釣りや、苔に触れさせたり、四つ葉のクローバーを探したり、野いちごを食してみたり、森林でカメムシの臭いにおいを嗅がせたい。五感で捉えた感受性を、極限まで高めたい。動物園・植物園・水族館に行き、生態観察により、生命のすばらしさを実感させたい。すると、鋭い観察眼が養われる。

土や泥に触れられる、田植えや稲刈りやトウモロコシの収穫や山菜採りやさつま芋掘りなどの生命活動を刺激する農業体験もさせたい。

また、いちご狩りやぶどう狩りなどのフルーツ体験も必須である。大自然の恵みへの感謝やお百姓さんに対するリスペクトができる。お金をかけなくても、いろいろな経験はできる。

もちろん、収穫物は、母親とメニューを相談しながら、一緒に調理をする。安全を確保しながら、ホットプレートで、お好み焼きやたこ焼きや餃子を作ってみよう。クッキーやケーキやかりんとうなどの試行錯誤のお菓子作りを楽しめば、**段取り力**がつく。

家族が一つ屋根の下で食卓を囲んで、おいしく食しながら、「なぜなぜ」を主軸として、物事の本質を考え続けさせる他愛もない会話を楽しむ。経験知のストレージが、必ず子どもの血となり肉となる。

学びの宝庫であるアウトドアのリアルな自然遊びを満喫させ、五感を活用した有益な経験の場数を踏ませることは、親から子どもへの**至高のプレゼント**である。

また、あえて雨の日にこそ、合羽を着て、公園に出かけたい。カタツムリやアマガエルを探したりして、いつもとは異なる風景を楽しもう。広い視野を有した、バランス感覚に優れたパーソンになれる。そして、**人間の強固な根っこ**が育まれる。

ちなみに母親は、五感を研ぎ澄ます能力を獲得させるために、**胎教**に力を注いでいた。アウトドアで、「白いバラの棘に触るとチクッと痛いけど、ほのかな香りがすてきね。ホトトギスのさえずりなんて珍しいね。サルビアの蜜を吸ったらほんのり甘いね。月夜は意外に明るいね」という具合に、お腹に手を当てて、優しく語り掛けていた。

また、料理や家事においても、「おいしいね。楽しいね。すてきね」などの明るい言葉のシャワーを浴びせていた。

きっとお腹の赤ちゃんは、すてきな世界が待っていると心穏やかな気持ちになって、潜在意識に深く刻んだことだろう。

感動経験豊かに育ったパーソンは、発想がユニークであると同時に、眼力も鋭いものだ。眼力をつけると、周りの人から、お座なり対応ではなく、本気で付き合ってもらえる。経験知による知識の積み重ねが、あるきっかけでジクソーパズルのように、ぴったりとはまる瞬間が来るものだ。

いつの日か、「ああ、経験していて良かった！」の感嘆の言葉が出るだろう。五感活用の経験差であることは、言うまでもない。

経験知により体内に蓄積された各種スキルの融合の結果、これまでできなかったことが、不思議とできてしまう現象に遭遇する。例えば、数Ⅰ・数Ⅱを学び、理解できないなと諦めていても、数Ⅲを学ぶにつれて、難しかった数Ⅰの問題が、なぜかすらすらと解けてしまうものなのだ。多面的な思考ができるようになったからだろう。

また実社会では、地域のコミュニティー・親睦会・接待などで、カラオケを披露する機会がやってくる。ポンコツの著者も、音痴のため、かなり苦労した。

よって、子どもには**音感・リズム感**を身につけさせてあげたいと考えた。そこで、お金をかけなくてもよい、ＮＨＫの歌とダンスの番組などを活用した。真似をしながら、リズミカルに飛んだり跳ねたりすると、自己表現力が高まる。現代なら、良質なＳＮＳを活用するのが良いだろう。

マラソン大会やソフトボール大会や、納涼祭りである彩り豊かな花火大会や盆踊り大会にも、ふるって参加し、**社交性**を身につけさせる。掛け声を出して、汗をかいて、地域社会で活躍している老若男女で楽しめるからすばらしい。

また、幼少期の一時期にバイオリンを経験させた。食事時のＢＧＭとして、モーツァルトを中心としたクラシック音楽を聴かせた。この経験知が、**絶対音感**には効いた。音感教育として、音の微妙な識別力にも寄与したと思う。よって、英語のヒヤリング力向上に、ダイレクトに相当役に立った。大学入学共通テストでもヒヤリングは必須科目であり、大きな差がつく肝のポイントである。

また、クリスマスや誕生日に子どもへのプレゼントを計画すると思うが、定番のやっつけ仕事ではなく、工夫を凝らしたサプライズを本気になって演出したい。子どもの個性や成長に合わせて、渾身の演出をトコトン考え抜く！　自身が広告代理店になって子どもを感動させるのも、親のプライドを懸けた重要な仕事である。

親が思っているよりも精神的にははるかに大人であるから、子ども騙しの扱いをしないで、一流の人間として、正面から真剣に接しよう。「嘘も方便」は避けたい。

子どもが大人になっても、楽しかった家族の思い出として蘇り、記憶に鮮明に残るのだ。一連のサプライズ演出の繰り返しにより、クリエイティブな企画力を有した魅力のパーソンになれる。

ちなみに、幼児期の五感刺激策の一つとして、布おむつを活用した。おしっこのあと、不快な肌感覚がダイレクトに脳に伝わり、親に泣いて知らせる。紙おむつと比べると、大変な手間のかかる育児ではあるが、この一連の神経伝達の繰り返しが五感の発達に効果的であると信じて行った。また、おむつ代の節約及び地球環境にも寄与できる。

見えにくいものをマップ化

トヨタでは、**「見えにくいものを、マップ化すべし！」**と言われる。例えば、スタッフの資格や人材育成計画を立案する際に、**スキルマップ表**を作成し、保有能力を見える化する。また、事務所や現場ハウスに現場のレイアウトなどを図解化して、生産&物流現場がいったいどうなっているのかを、パフォーマンスメジャーで検証しながら、異常を顕在化させて見える化する。

常に、異常が目に飛び込んでくる状態をつくる。単なる掲示物ではなく、リアルタイムの情報の共有化を図るための、コミュニケーションツールである。

見える化のツールとして、「モノと情報の流れ図」を作成する。よって、子どもがどのようなモノをどのように取り扱っているのかを、絶えず観察しておきたい。

マップ化とは、見えにくいものを見えやすくする**可視化のツール**であり、現場を客観視することができる。マップ化の目的は、メンバーのバラバラの認識を一致させるベクトル合わせであり、**問題解決のスピードが格段にアップ**するのだ。

例えば、現場の騒音や粉じんなどの環境測定により、環境レベルを見える化し、快適な作業環境へと、優先順位に従って、しなやかに「カイゼン」を行う。また、生産ラインが正常か異常かを一瞬で判断する物差しとして活用する。

またトヨタでは、社員の通勤経路の危険源をマップ化し、安全点検を実施する。同様に子どもの学校までの通学経路をマップ化し、ルート上で危険ポイントをプロットする。随所に安全コメントを記述し、リスクを理解させることにより、子どものかけがえのない命を守りたい。

ちなみに、子ども部屋の壁には、大きな日本地図を貼っておいた。先週祖父母が、どこに旅行に行ったのか。今週父親が、どこに出張に行っているのか。来週末に家族で、どこの行楽地の紅葉を見に行くのか。この絵本に出てきた島は、どこに存在するのかなどを把握する。

目的地に行くには、どの公共交通機関で、どうやって早くたどり着くかを考察してみる。具体的には、ネット検索ではなく、家庭の必需品であった分厚いＪＲの時刻表を用いて、時刻検索の**アナログ訓練**を実施した。

そして、日本地図上には、カテゴリー毎のカラフルなピンが、たくさん刺さっていた。将来、地図帳をクルクル回すような地図が読めない方向音痴にはさせたくないと考えた。正に、ＧＰＳ能力の体得である。**空間認識力**を身につけることにつながる。

また、リビングルームには、地球儀を設置した。地球儀をクルクル回して国当てクイズを実施したり、例えば日本からヨーロッパへの航空路をなぞってみるのもおもしろい。無料のバーチャル世界旅行である。

地球儀に加えて、地図帳も置いておくと良い。地理学を探究すると、想像力と夢が、果てしなく広がる。大げさかもしれないが、**世界観**が一気に広がり、グローバル感覚を有したパーソンに一歩ずつ近づく。

ちなみに、カーナビの表示では、「北が上」と「進行方向が上」の二パターンがあるが、ＧＰＳ能力を体得した子どもは、迷わずに「北が上」のモードをチョイスするようになる。

あらゆる物を手作りで

トヨタでは、**「モノづくりは、内製の自前主義」**と言われる。ジャストフィットの良品は、どこを探しても販売していないから、**自分たちで創る**しかないのだ。工場の主要な設備は、トヨタのエンジニアが安全・品質・生産性に優れた世界ダントツ№1のオンリーワンを狙って、設備の造り込みを実施する。

上司から、「設備計画は、二十項目の創意工夫を駆使してブラッシュアップしなさい！」と、ド迫力の指導をされた。トヨタ設備の外観は歪《いびつ》でカッコ悪いが、機能美に優れたオリジナルのトヨタ専用設備が完成する。

社員教育もしかりで、外部講師を招くのではなく、トヨタ社員が講師となる。自身が講師になれば、自己研鑽によってスキルが磨かれ、会社に対して自己実現を果たす。

また、「カイゼンは手作りで」とか、「からくりを活用して」と言われる。いかにお金をかけないで、手作りで汗をかきながらカイゼンをするかが勝負である。手作り品には、愛着が湧き、**モノを大切にする豊かな心**が養われるとともに、**人も大切にする**ようになる。

お金で問題を解決することは、最も楽勝の手段であるが、残念ながらイノベーションは期待できない。お金をかけなければ、**無限の智恵と創意工夫**を駆使しながら、おもしろおかしくカイゼンが進み、可能性が格段に広がる。

子どもには、新品のモノを与えないのも、一つの手段である。「吾唯足知」の感謝の思想を伝えたい。日本人のモノを大切に思う気持ちに感銘を受けられて、**「もったいない」**のフレーズに着眼され、ノーベル平和賞を受賞された、ワンガリ・マータイさんの清貧の思想に学びたい。

日本国で多用される「もったいない」は、３Ｒを一つにした言葉と定義される。つまり、発生抑制・再利用・再資源（リデュース・リユース・リサイクル）を意味する。正に、必要最小限のトヨタ式である。よって、子どもにはいろいろな物を手作りすることを習慣にさせた。

子どもから、「欲しいよ。買って！」とねだられたら、「今度ね」ではなく、「もっと良いモノを、家族で創ろうよ！」と言おう。受動的ではなく、能動的な姿勢で、創意工夫と果敢な行動あるのみである。

特におもちゃ系を、公園から拾ってきた自然界の物や物置のガラクタや百円均一ショップで購入した素材をフル活用し、親と一緒に試行錯誤しながら制作した。ペットボトルの蓋を材料にして、働くクルマや怪獣を創ることも、とてもおもしろかった。二番煎じではなく、創意工夫でモノを創り上げるプロセスの楽しさを教えよう。

日常生活を便利にするちょっとした家具などを、日曜大工として一緒に創意工夫しながら、こしらえるのも良いだろう。ビー玉・紙ヒコーキ・折り紙・粘土細工・花火・メンコなどの遊びを親子で楽しみたい。探究心を躍らせる、いたずら感覚のおもちゃ作りは、滑稽である。江戸からくり人形などの、からくりを使った手作りのおもちゃは、さらに興味深い。

人を魅了する**アナログの世界**は、いつの時代でも普遍的であることを伝えたい。夏休みの自由研究にも積極的に関わり、コーチングして、真剣に取り組みたい。

知識を深掘りし、親子で真理を探究しながら格闘する、またとない絶好のチャンスである。

おままごとをはじめ、パン屋さん・お医者さん・警察官・消防員などの各種のごっこ遊びで、職業の模擬体験をさせ、役柄を演じることで、イメージ力を強化したい。隠された心の導火線に着火することで、憧れの仕事や天職が見つかるかもしれない。**夢をもたせるチャンス**なのである。

百人一首・かるた・将棋・チェス・積み木・ドミノ・だるま崩し・オセロ・けん玉・あやとり・知恵の輪・ダーツ・ジグソーパズル・双六・プラモデルなどを、頭をフルに使って創意工夫しながら遊んだ。

さらに、異なるおもちゃを組み合せたおもちゃのコラボレーションで、新たな知的遊びを生み出す工夫をするのもおもしろい。競争力・イメージ力・創造力がつき、右脳が開花する。

近所のお兄さんやお姉さんや友達を招いて、皆で各種ゲームを楽しみたい。目標達成に向けて、**負けず嫌い**になるためには、**勝負へのこだわり**が大切である。

ちなみにトヨタでは、メンター制度がある。上司ではなく、身近な職場の先輩が、仕事の指導やアドバイスをはじめ、プライベートの悩み相談などにより、精神的サポートを行い、幅広い視点から本人の成長を支援するしくみである。この制度の有効性をみても、近しいお兄さんやお姉さんと関わる意義は、とてつもなく大きい。

投資対効果に関して

トヨタでは、設備投資の可／否の判断は、**「投資対効果」**を基に、役員による稟議決裁がなされる。稟議書は、もちろん**トヨタの不文律**である**Ａ３資料**のドキュメントにしてまとめる。その投資の遂行により、お客さまから感謝されて儲かるのかどうかがジャッジされる。

子育てには投資対効果などの概念はまったく存在しないが、少し考察してみる。子どもにいくらお金をかければ、将来どのくらいの所得を稼ぎ出す、頼もしいパーソンになれるのか？

きれい事ではなく、かけたお金と子どもが将来に稼ぎ出す年収には、正の相関関係が成立すると考える。少し悲しい気持ちになってしまうが、疑う余地はない。

では、何にお金をかけるのか？　正しいお金の使い方に関して、熟考したい。もちろん、窓際族の著者には潤沢な資金はないが、少ないながらも**「モノからコトへ」**の方針を掲げて、お金をシフト（投資）した。お金はなくても、時間は十分に与えられているはずだ。

子育ての期間中は、財テクとして株などの金融商品を購入している場合ではない。運転免許の取得後に自動車を買い与えるよりも、然《しか》るべき時期に間に合うように留学費用などをこつこつと貯蓄しておく。

決して少額ではない国家資格取得に要する学費もプールしておく。どんぶり口座ではなく、専用口座を開設するべきである。親子で銀行の窓口に行くことが望ましい。このタイミングで、実印・銀行印・認印のフルセットをそろえてあげたい。

また**学資保険**は、有効な貯蓄手段であり、是非とも活用したい。気がつけば、天引きにより**勝手に貯まっている**のがすばらしい。特に、高校や大学時代が、投資の正念場である。予算が不足していれば、子どもの将来を諦めないで、迷わずに**銀行で工面**するべきである。「お金がない！」などの言葉は、絶対にご法度である。ないに決まっている。銀行は、人づくりのために存在する。支払い処理は、涼しい顔をして、子どもの前でしなやかに行う。

子どもへの投資は、地頭力と人間力アップが目的であり、決してコストではない。子どもの大切なゴールデン時間は、決して取り戻すことができない。無情にも時は過ぎ去ってしまう。ふと気づいたときに、「すでに遅かった！」にならないように早く着手したい。トヨタのキーフレーズである、**「巧遅より拙速」**を意識しておく。

感受性の豊かな若い年齢のときほど、将来に向けた投資対効果を出せると考える。地頭力と人間力アップという**ゴール設定**を行う。子どもへの地道な投資は、大きなリスクを伴う株などの金融商品や不動産への投資とはまったく異なり、**必ずプラス**に転じる。
経験知により体に蓄積された類まれなるスキルは、誰からも没収されることはない。ドライな言い方をすると、確実に投資額を大きく回収できる。よって、将来の**資産形成の大いなる一角**になると考えてよい。

リーマンショックやコロナショック時の日本は、街のネオンが一斉に消え、倒産や派遣切りによる失業などの悲しいニュースが空しく流れた。日本中が、先行きの見えない将来に対する不安の連鎖となった。

お金がなくなったり、お金があっても出し渋ったりすると、精神状態が不安定となり、人間らしくなくなってしまうことを痛感した。よって、お金がすべてではないが、やはり稼げるパーソンになる必要がある。

彩り豊かな人生を送るためには、ある程度のお金が必要なのは、明々白々なのだ。短期的な視点ではなく、中長期的展望に立って、子どもに惜しげなく投資をしたい。

結果、窓際の著者は貯金がほとんどない自転車操業状態であるが、子どもへの積極的な投資が子どもの**地頭力と人間力アップ**に、間違いなく寄与したと確信している。

今世を、たくましく生き抜いてほしい。

第三章　子どものモチベーションを高めるためのトヨタ式

褒めニケーション

トヨタ式では、**「褒めニケーション」**という感嘆の言葉がある。オジサンたちの飲みニケーションとは似て非なる考え方である。

怒る：叱る：褒める＝0：2：8の割合が、部下指導の黄金比と言われる。ルールを守ったら、やらせっぱなしでなく、褒めてあげることが基本セットである。

生身の人間だから、褒められることにより、ありのままの自分を認める自己肯定感がアップし、**やる気とモチベーション**が増大する。正に、**一歩一歩の成功体験の積み重ね**である。

子どもに対する褒め方のポイントは、自分が主語になることである。「流石《さすが》だね」では、少し足りない。「お父さんは、流石だ！　と思った」と言おう。

必ず、「お父さんは、」を主語にして、「感激した・うれしかった・すばらしいと思った」などの動詞をつなげる。極力、具体的に、「何に関して」を付け加えて、褒めるようにしよう。

子どもには、本能的に親を喜ばせたいという欲求がある。ドーパミンが分泌され、脳が喜ぶのだ。

また、「神ってる。きもい。うざい。びみょー」とかの稚拙な若者言葉をよく耳にするが、残念ながら、表現力に相当欠けていると考える。物事の本質を、まったく探究できていない。

語彙力を高めるためには、読書を基本とし、**正しい文法の日本語の親子会話**を大切にしたい。さらに、古くから言い伝えられた**諺を多用**することにより、思考能力が高まる。

トヨタでは、**「ぱちぱち表彰」**なるものがある。朝礼・昼礼・夕礼において、日替わりのスポットヒーロー＆ヒロインを選出し、褒めまくる。つまり、メンバーを主役にするのだ。表彰内容は、安全＆品質の向上が中心であるが、特に何もなかったことを、さりげなく褒める。何もなくて当たり前ではなく、日々一生懸命に取り組んでいるからこそ、安全＆品質問題が発生しないのだ。

大人になっても、褒められるとうれしくなり、やる気とモチベーションがアップする。子どもの場合には、手をぱちぱちして、**少しばかりの前進**でも褒める。「今はできないかもしれないが、いつか必ずできるようになる！」と伝える。こんなにすばらしい世界が君を待っている、**夢を見させる**ことだ。

運動会の百m競争で、たとえ結果がビリであっても、途中で諦めないで全力で走り切った頑張りのプロセスを褒める。

お絵かきで、一生懸命に取り組んだ姿勢や、創意工夫した色使いや筆のタッチを褒める。

分け隔てなく、思いやりの心をもって友達と接し、仲良くできたことを褒める。

勉強においても、結果はさておき、数値化した目標に向かって、脇目も振らずに、真摯に取り組んだ姿勢を褒める。

また、小さくなった消しゴムや短くなった鉛筆を、頑張った証として褒める。

祖父母に送った絵手紙のコンテンツやデザイン感覚を褒める。

背中にそっと手を置いて、「君なら、できる！　できる！　できる！」と優しく励ます。

頑張ったあとには、「君だから、できた！　できた！　できた！」と少しワイルドに肩を叩いて褒める。肝心要のポイントは、**三回連呼**することだ。

「できそうもない」から、「何とかなるかな?」へ、そして「何とかなった！」になり、確たる自信による**自己肯定感**をもって、さらなる挑戦への意欲が湧き、やる気モードで、次の一歩を踏み出せる。**瀬戸際で粘れる強靭なメンタル**を獲得できる。

減点主義ではなく、いかに良いところを伸ばすかの加点主義である。長所を伸ばせば、短所の比率が、相対的に下がるのだ。

そもそも人は、純粋無垢な幼少の頃から、なみなみとした自信の塊であり、大きなポテンシャルを有しているはずである。ところが、年齢を重ねるにつれ、社会的ステイタスが邪魔をしたり、いろいろな事情から抑制されたりして、いつの間にか、自分自身にブレーキを掛けてしまい、自信を忘れてしまっているだけだ。赤ちゃんの大の字になった万歳の寝姿を思い出そう。

子どもには、ポテンシャルを高めるために、できる限り大きな自信をつけさせることだ。そのためには、あまり遠くを見ない一歩一歩の小さな成功体験の積み重ねを大事にしたい。必ず、肌と肌のスキンシップを忘れないように。

「これまでの頑張りは、この日のためにあったんだね」と伝えよう。

両親のスマイルを確認すると、子どもはホッと安心し、心が満たされる。子育ての基盤は、**笑顔がいちばん**である。親の笑顔は、子どもの心の基地となる。家族の結束力が高まり、目標に向かって挑戦する源泉となる。褒め続けると、さらに頑張りが加速し、好循環のスパイラルを実感する。

特に、幼少期には、「おいで！」「教えて！」「助かったよ！」の呼び掛けを多用したい。子どもを頼りにすれば、**自分が必要とされている**ことを認識できる。すると、今後の集団生活のなかで、周りから必要とされる人物になれるようにと、自発的に努力を続けるようになる。

子どもには、「君は大器晩成タイプだから、歳《とし》を重ねる毎に、どんどん伸びるよ。間違いない！」と、何度も何度も言い切った。

トヨタでは、**「結果よりも、プロセスが重要」**と言われる。決して結果が美徳ではなく、努力し続けることが尊いのだ。付加価値を褒め続けることが、次からの奮闘努力につながること間違いなし。

人間には、自分を認められたいという**承認欲求**があり、心理学者マズローのモチベーション理論における欲求の五段階図の上位にランクされる。褒められれば、心に火がつき、やる気スイッチがオンし、脳が喜ぶことで、ドーパミンが分泌される。

それは、自身のあるべき姿への思いが具現化することだ。少しずつ目標レベルを上げていき、達成時にまた褒める。ひたすら、根気よく繰り返す。

振り返ってみると、いつの間にか結構前に進んでいるものだ。「いい道を歩んできたな！」と、感慨深く思っていればいい。一発の大物狙いではなく、**一歩一歩の積み重ねが、目標達成の近道**になるのだ。年輪を重ねることで、子どものキャリアが形成されて、夢の境地にたどり着ける。

親としては、いつでもどこでも挑戦できる舞台をつくることが、必要不可欠である。反復するが、**笑顔とスキンシップで褒める**ことが、いちばん大切である。「笑う門には福来る」である。ずっと、ありのままを陰で支え続ける。

目標達成のご褒美として、臨時のお小遣いとかゲームを買ってあげるとかの人参をぶら下げる手段がある。これには賛否両論あるが、著者はあまり好ましくない子育てであると考える。なぜなら、ご褒美を得ることだけに注力してしまい、近視眼的となって、本来の目的を見失い、子どものもっている潜在スキルを伸ばせなくなってしまうことが、懸念される。

それよりも、家族そろってのお祝い会で温かく本人を囲んであげるほうが、家族の結束力が高まり、子どもの成長にとっては、ベターの選択であると思う。

芯のあるワンフレーズ

トヨタの指導スタイルは、**「極力、ワンフレーズで！」**と言われる。上司から部下への指導は、だらだらと説明しないで、単純明快で、簡潔に伝達しなければならない。時間ばかりかけても、なかなか意思疎通はできないものだ。

伝わらなければ、すべてが徒労に終わり、疲れだけが蓄積してしまう。よって、**「伝える」と「伝わる」の違い**を意識しておく。

そもそも人間は、集中力を持続できない。可能ならば、コマーシャルタイムの三十秒以内を目指したい。極論すれば、徹底的にシンプルなワンフレーズにこだわる。

すると、**物事をすばやく、シンプルに思考できるスキル**が身につく。

優勝した力士に総理大臣杯を授与する際に、「痛みに耐えてよく頑張った。感動した！」との、好感度抜群のつかみのスピーチがあった。演説の天才と言われた大物政治家のお決まりのワンフレーズである。いつまでも、生ける伝説として国民の記憶に残る。

母親は、お腹をいためて産んだ子どもに対する**母性愛が強烈**であるため、良い悪いではないが、言葉数が多くなる。子どもは長時間の集中力を保てないので、とても消化できない。それは、仕方がないことだ。

子どもとすれ違いざまに、「この前の期末試験、ベストを尽くせたね」と、結果が出る前にプロセスを褒める。

「兄弟喧嘩《げんか》で、すぐに仲直りできたね。偉いよ！」と褒める。謝罪の言葉は、「すみません」ではなく、「ごめんなさい」が、基本である。仲直りする勇気は、実は大したものだ。

このようなワンフレーズで、十分なインパクトがあり、**父親のプレゼンス**を示したい。

子どもは、寡黙な父親であっても、「しっかりと、観てくれている！」と安心する。父親の役割として、ベストのタイミングで、物事の本質を見極めたうえで、シンプルなワンフレーズで、**本質を伝える**ことを意識したい。

単刀直入なズバリの言葉は、絶大なる説得力がある。幼心に、**言葉のチカラ**によって確実に刻まれる。

大部屋化

トヨタの職場は、離れ小島にならないように、**「大部屋」**が基本である。役員であれ、新入社員であれ、個室ではなく、見通しの良い大部屋の中で、志をともにして、一緒に汗を流して楽しく仕事をする。

なぜなら、**企業理念やビジョンや目標を共有**し、同じ釜の飯を食う仲間だからである。日々のコミュニケーションが活発となり、思いがけない奇抜なアイデアが生まれるときがある。

魅力のパーソンは、それぞれ得意な分野をもち、優れた能力を有している。メンバー間の活発な交流による化学変化により、各種のシナジー効果が得られる。風通しの良い大部屋は、いち早く意志決定の結論を導けるようになる。

生産物流の現場においても、独りぼっち作業は危険と言われる。ほかの作業者を確認できないような離れ小島の作業ポジションでは、モチベーション・安全・品質・生産性がダウンしてしまうことが、トヨタの現場経験則から証明されている。危機管理の面からも、社員を決して孤立させてはならない。

このように、子育てにおいて、幼少期の子どもには、勉強用の孤独になりがちの個室は、まずもって必要ない。兄弟姉妹がいれば、お互いが刺激し合える相部屋が望ましいと考える。

大部屋のメリットは、子どもの**微妙な変化に気づきやすい**ことである。時折、テレビで東大を目指す家庭が紹介され、リビングやダイニングの食卓テーブルで勉強に取り組むリビング学習の子どもの様子が映し出されるが、それが正解であると思う。母親のクッキングや父親のＤＩＹの脇で、読書や勉強や図画工作を楽しませたいものだ。

あれこれの雑音くらいでは動じない集中力が養われる。神経質な子どもに育ってしまうと、集団生活に溶け込みにくくなる。また、試験会場で隣の人が発するさまざまな雑音に、いちいち反応してしまい、本来の実力を発揮できない。

そして、「お母さんは、年中無休のフルタイムで、家族のために精一杯尽くしている頑張り屋さんだよ！」と、父親から子どもに伝える。すると母の日には、河原で野花を摘んでプレゼントにしたり、自発的に感謝の手紙を書いていた。

一生懸命になって、ひたむきに打ち込んでいる**両親の背中を見せる**ことが、子育ての基本であり、本人の**自発的な頑張りを誘発**する。一心不乱に真面目に働く姿は、人を動かす。いくらＡＩ時代の到来といっても、クリック一つの財テクではなく、汗水たらして一生懸命に働き続ける**勤労の大切さ**を教えたい。

どんなにすてきな魔法の言葉よりも、親の背中を見て、**生きるすべ**を自然に学ぶ。親が紳士淑女であれば、一本筋の通った真面目な子どもになる。親が良識のある行動をとれば、子どもも必然的に正しい行いをする。親がウイットに富んだ会話をしていれば、ユーモアたっぷりの子どもに育つ。

一方、親が傲慢な振る舞いで、知ったかぶりや自慢話ばかりしていれば、横柄な子どもになってしまう。また、人の陰口や噂話や会社の愚痴や泣き言ばかり言っていると、不平不満ばかりを言う子どもになる。人として、野暮で見苦しい生き方を絶対に見せてはならない。

子どもは、いつも親の言動や行動を冷静に観察しているのだ。正に、「子どもは、親の鏡」である。初めて部下をもった時に上司から、「部下は、上司の鏡」と指導を受けた。なぜなら、かがみの真ん中は我（が）だからだ。

トヨタでは、**「周知徹底ボード」**なる物がある。各種の情報や気づきを情報共有の手段として活用する。顧客からの依頼事項、会社通達、災害情報、品質ニュース、歓送迎会情報、近隣のローカル情報、ヒヤリハット事例、多発するミスの撲滅など、多岐にわたるインフォメーションである。

そこで、リビングルームに、**家族連絡ボード**を設置する。「バナナが残り三本、アイロン電源切り忘れ注意、お向かいさんからみかんの差し入れ、〇〇君が珠算二級合格、十日祖父母が来訪、イスのペンキ塗りたて注意、四月よりお小遣い千円アップ、十五日サッカーの試合」などの生の情報を記述する。

行事カレンダーには、家族と個人の年間計画を、色分けして記入する。子どもに、**スケジュール管理**を意識させるのだ。すると家族が、自然に集まってくる。

家族連絡ボードは、ほとばしる**情報の噴水効果**により、コミュニケーションが活発になり、家族がまとまる。

また時々、キャンプのようなイメージで、家中のあらゆる部屋を寝室にしてみる。秘密基地のような感覚で、子どもは大はしゃぎする。モンゴルの遊牧民のような感覚になり、マンネリ化を打破できて、とても楽しい。

友達の家へのお泊りも、有益な社会勉強になり、大変良いと考える。居場所が変われば、フィールド毎にルールも異なるのを学ぶことができる。

そして、独創的な発想力が豊かになることを期待したい。人間模様を学ぶために、「かわいい子には旅をさせよ」である。お金をかけないで、やれることは、何でもやってみる。子どもの底知れぬポテンシャルを信じよう！

ポジティブシンキング

トヨタの現場のスローガンは、**「明るく楽しく元気よく！」**である。そして、パネル看板が大きく掲示されている。現場に智恵を出しに行き、月日を重ねる毎に、最高ならぬ最幸の、明るい職場づくりに励みたい。

いつも**前向き根明《ねあか》のプラス思考**となれるような、すばらしい環境づくりが大切である。つらいときでも、常に明るく陽気に振る舞える人間に育ってほしい。

子どもには、どんなトラブルが起こっても、「計画的殺人以外の大概のことは、必ず何とかなる」という変な喩え話を、何度も言い聞かせた。

たとえ失敗して落ち込んでいても、トライし続けた勇気をひたすら褒めて、半歩前進したことを親子で喜び合う。琉球の、なんくるないさ～の、何とかなるのファジー精神で、気丈に楽天的に振る舞うことに努めた。

トヨタでは、**「トライ＆エラー」**というフレーズがある。トライをすれば、当然のごとくエラーがつきものである。しかし、トライを繰り返していると、エラーの質がどんどんグレードアップすることが確認できる。正に、「案ずるより生むが易し」である。失敗から多くを学ぶパーソンは、それを糧にして大きく成長する。

失敗とは、天から与えられた試練であり、また当たり前の茶飯事であり、これからが本領発揮と考えよう。結果より、プロセス重視である。奮闘努力することに価値を見いだしたい。

数々の修羅場をくぐり抜けてきた上司から、「成功の反意語は、失敗ではなく、何もしないことだ！」と、よく指導された。つまり、「失敗しているのではなく、経験という筋トレを積み重ねているだけ」という解釈である。

失敗をしていることは、さらに良くしようと思って、不退転の境地で行動をしている何よりの証拠であり、成長の種と言える。心身ともに鍛えていれば、必ず光明は見えてくる。

著者は、これまで数々の失敗をしてきたが、会社から怒られたことは皆無であり、叱られた記憶もあまりない。それよりも、失敗の要因解析をしっかりと行い、二度と同じミスを起こさないように、対策のフィードバックをする指導を受けてきた。とにかく、スランプになっても、命を取られる心配はないので、クヨクヨしないで、失敗を恐れずに、楽にいこう。

積極的なトライによる失敗は、大きな価値があり、称賛に値する。子どもには、**「神さまは、越えられない試練は与えないよ。そのうち、絶対に何とかなる！」**と、繰り返し励ました。
乗り越えられるDNAを有している子どものありのままを、ずっと、心底信じるサポーターとして、陰で支え続ける。何とかなったあとに、「ほらね。何とかなったでしょ！」と認識をさせた。子どもの表情が、誇らしげに変わるのを確認した。

成功体験の積み重ねによるアドバンテージが、**自己肯定感**をアップさせ、確たる自信につながる。自信がつくと謙虚になれる。謙虚な姿勢を貫けば、スポンジのように吸収力が格段にアップし、希望の未来への明るい扉が開いていく。

小さな自信を地道に積み重ねた結果、何事が起こっても決して動じない、ポジティブ思考のストイックなパーソンに成長した。ケセラセラである。

ポジティブシンキングができる人間は、**周りの人にパワーを与えられる太陽のような存在**になれる。すると、必ず、幸運がやってくる。

トヨタの新入社員教育で、ソクラテス哲学の基本の、知らないことを自覚する「無知の知」が引用される。知らないことは、決して恥ずべきことではない。探求しようとしない姿勢がいけないのだ。自己研鑽を充実させ、飛躍の可能性を信じて、よりよく生きるための指針として、謙虚の大切さを学んだ。

劣等感の塊の窓際の著者が、己の生涯を振り返ってみると、順風満帆の時代よりも、むしろ悪戦苦闘の逆境の日々のほうが、成長できたと実感できる。

またトヨタ自動車社長の**「悲壮な危機感ではなく、明るく積極的な危機感を持つべし！」**とのメッセージがあるが、心のスタミナを有した逆境に強い子どもに育てたい。

定期的な外食

トヨタの職場では、天気が晴れのときに、**屋外で「お弁当会」**が実施される。会社の社員食堂ばかりだと、日常がマンネリ化してしまう。

明るいテラスにおけるお弁当会では、気分も晴れて、**虚心坦懐な本音トーク**が期待できるからだ。職場力がアップする。

子どもには、「家のご飯がいちばんおいしいけれども、お母さんが毎日大変だから、いたわってあげようね」とか「この前の○○大会の頑張りに、みんなで打ち上げをしよう」と必ず目的を告げて、定期的に外食に誘うことを心掛けた。

何気ない**日常生活のアクセント**となり、活動にメリハリがつく。いつもよりおしゃれを楽しみながら、粋なファッションセンスを磨きたい。

もちろん、外出着は上下色彩のコントラストを考慮しながら、自分で毎回選ばせると良い。そして、美意識向上のモテ力をつけさせたい。残念コーデにならないように注意したい。少し構えて、家族そろって外食することが大切である。

子どものテーブルへの着席は、下座とする。目上の人を敬う精神を植えつける。メニューは、親が決めないで、自分で栄養バランスを考慮しながら決めさせて、自分でウエイターさんに注文させることだ。要するに、**自己主張**をハッキリさせる訓練なのだ。

自分の意志でどうしたいのかを自問自答できれば、優柔不断なパーソンにはならない。何事にも、他人に惑わされることなく、瞬時に**自力で考える意思決定力**をつけさせたい。「何でもいい」や「お任せ」は、言語道断である。直観力を鍛えれば、機会損失を防ぐなど、多くのチャンスに恵まれる。

さらに様子を見ながら、レストランの選定や予約を任せてしまうこともグッドである。帰宅後、「君と一緒の外食は、おいしかった！」と言おう。外出すると、子どもの底知れぬ魅力を、再発見できる。

日常とは異なる新鮮な雰囲気のなかで、家族一緒にフェイスツーフェイスで向き合えば、思いがけないいろいろな会話ができる。

また、家族で何らかのトラブルが発生したら、**家族会議**の場を設けて、腹を割って話し合う。皆が、面と向かい合って、子どもサイドに立って、真摯に問題に向き合う。真剣な対話をするためには、テーブルの上には、何も置かないことだ。

チームワークと調和を大切にする、**助け合いの精神**が生まれてくる。子どもの心からの本音も聞き出せ、悩みなどを皆で共有＆共感すると、家族の団らんにより、**親子の絆**がさらに強くなる。

子どもだって、生身の人間だから、ストレスは溜まるものだ。なぜなら、眩暈を感じるほどの膨大な情報過多の時代に、子どもの処理能力では、気持ちの整理がおぼつかないからだ。

元気そうに見えても、実はかなり、メンタル的に疲れているはずだ。時折、**心の息抜き**のセルフコントロールによる生命力の回復が必要である。さまざまなプレッシャーから解放し、心に余白のスペースをつくってあげたい。子どもは、疲れとかストレスとは無縁のロボットではない。

また、木漏れ日の下、大自然のそよ風に吹かれながら、池のほとりや公園のベンチでのお弁当も楽しい。時々ピットインして、気分転換に雰囲気を変えよう。心が洗われるし、お金の節約もできる。

そして、おいしいお弁当を作ってくれた母親にお礼のメッセージを書かせて、心を込めて感謝を伝えたい。

ただし、レストランのバイキングはNGだ。バイキングは、お腹一杯に食べることが目的となってしまい、テーブルから離れて家族がバラバラになってしまい、皆の会話が途切れてしまう。残念ながら、「食べたなー」の一言で、収束してしまう。

外食の目的は、満腹になることや元を取ることではないはずであり、いったい何のためなのかを、絶えず考える。

豪華なコース料理は、まずもって必要ない。極力落ち着いた雰囲気で、リーズナブルなお店をチョイスしよう。

また、家のベランダや庭で安全を確保しながらのＢＢＱパーティーなども、気分転換ができて楽しい。マンネリ化を打破しよう。

ちなみに我が家の受験合格時には、ある五つ星ホテルのレストランで、お赤飯の祝福をした。素朴な深い味わいを堪能できて、とても贅沢な気分になれた。

祭りごとの充実

古来より日本人は、感謝・祈り・鎮魂のお祭りを行ってきた。お花見・節分・ひなまつり・端午の節句・七五三などである。五穀豊穣・無病息災・子孫繁栄を願って、**人生の節目**を大切にする。

日本人として、家族でも**神事を大切**にしたい。節目にいったん立ち止まり、気を引き締めれば、歩むべき道の軌道修正を行うことができる。

ちなみにお花見の由来は、春に満開に咲く桜を秋のお米の実りに見立てて、先に喜びをお祝いすることで、豊作を引き寄せることだそうだ。つまり、夢が叶ったときと同じ周波数になるから、輝かしい未来を引き寄せることができるという、笑顔でお祝いをする**予祝・前祝い**という考え方である。良いイメージを心に刻むことで、実現性が高まる。

よって家庭では、受験前や大きなイベントの前に、成功を祈念して**前祝いの法則**に従って、食事会を行った。または、少々贅沢な料亭の仕出し弁当や老舗の銘菓や地方の取り寄せグルメなどを食卓で囲んで堪能した。もちろん子どもに、コストパフォーマンスを加味して、お品をチョイスさせる。「君が選んだ品は、大正解だったね」と褒める。

結果が判明する前や、出た直後にも、家族でささやかなお祝い行事を行った。たとえ結果が良くなくても、「努力する力がついて、良かったね！」と褒める。精進を重ねれば、地頭力がつき、いずれ何らかの結果はついてくる。

ちなみに、妻は自身の目標をだるまに記し、その時点から墨汁で両目を入れていた。自分を正しく律して、ある程度追い込むことができる。正に、前祝いの法則である。

また、子どもの誕生日会などを企画し、切磋琢磨する友達をたくさん招いて、バルーンによる装飾で、楽しくホームパーティーで盛り上げよう。そして友達の面前で、お礼の意味で、簡単なスピーチをさせよう。事前に、ユーモアを交えた内容を、親子で話し合う。プレッシャーを味方にすることで、プレゼンテーション能力の土台ができる。

職場の上司から、「**自ら人**（**＝にんべん**）に**言**えば、**自信**がつく」とスピーチの重要性を教えられた。是非とも、**渾身の親の企画力**を、子どもに見せつけたい。

トヨタでは、労働施策の一環として、さまざまな行事が行われる。遠足・運動会・駅伝大会・餅つき大会・紅葉狩り・夏祭り・秋祭り・蛍ツアーなどだ。従業員の家族や地域社会の皆さまの参加も大歓迎である。

子どもには、地方のお祭りで伝統を学ばせたり、地域コミュニティーの交流行事にも積極的に参加させたい。

地元の中高生の演劇会やブラスバンドのコンサートで生演奏をするお兄さんやお姉さんたちに、パチパチとブラボーの拍手喝采で、彩りを添えよう。

各種チャリティーイベントにも、家族でどんどん参加する。

そのほかに、ボランティア活動で、被災者と触れ合う「絆」の機会をつくり、惜しげなく復興支援に取り組みたい。

地方自治体で定期的に実施される、寄付金集めの募金活動や清掃活動や廃品回収などの勤労奉仕にも、積極的に参加させた。

ボーイスカウトやガールスカウトに入隊するのも良いだろう。地域とのつながりは、人間社会を学ぶための宝物である。つまり、**社会生活の規範や協調性**を学べる場なのだ。

トヨタ販売店のスローガンで「地域の一番に！」を掲げているが、子どもも地域社会から必要とされて一番に愛されるように、出会いの機会をたくさん与えて、地域社会に溶け込ませて、士気を高めたい。

大人への扉は、図らずとも刺激的であり、**社会貢献の精神**が養われる。

小さな歯車が、成長エンジンの原動力となり、見返りを求めることなく、世のため・人のために貢献できる。そして、良好な人間関係づくりにより、明るい社交家を目指せる。

また、家族の記念日を大切にして、皆で集いたい。それぞれの入学式・卒業式・誕生日はもちろんであるが、特に両親の結婚記念日は家族のルーツであるため、皆で盛大にお祝いをしたい。

子どもの誕生日には、本人を主役にしてのお祝いだけでなく、産んでくれた母親に感謝を込める意味で、「産んでくれてありがとう！」と言わせよう。

「令和」とは、「人々が美しく心を寄せ合うなかで、文化が生まれ育つ」という意味が込められているそうである。令和に倣って、つながった人との**一期一会のご縁の大切さ**を学ぶ。

人との出会いは、決して**「偶然」**な出来事ではなく、**「必然」**と考える。自己だけの利益を求めるのでなく、人間の大原則である**世のため・人のため**になる大義を有した一隅を照らす生き方ができる卓越した人格者になってほしい。

そして、自己実現を究めてほしい。期待に応えるために「志」をもって、自分ファーストではなく、無私無欲で世のため・人のために役に立てば、人を惹きつけて、必ず幸福になれる！

2WAYコミュニケーション

トヨタでは、**「2WAYコミュニケーション制度」**がある。本人のキャリア形成やコア領域のスキルアップを目的として、上司と部下で、膝を突き合わせて真剣勝負で議論を重ねる人事上の制度である。

会社からの一方的な1WAYの人事ではなく、本人の意向をある程度でも尊重すれば、やる気とモチベーションがアップし、会社の経営リソースを有効に活用できる。ありがちな好き嫌い人事により、有能な部下を腐らせてはならない。

そこで家庭では、子どもとお風呂で、2WAYで向かい合って、**白熱の対話**をした。正面に向き合って、「なぜ、指は五本あるのだろう?」「なぜ、指先がしわしわになるのかな?」などと、他愛もない会話のキャッチボールをする。**ボキャブラリーが増える**ことで、会話のセンスが磨かれ、知能の発達にも寄与する。

「今日のうれしかったこと」を聞いてみよう。楽しかったことを思い出して胸に刻むと、超ポジティブ人間になれる。

次に、父親の楽しかったことを、きれいな日本語で流暢に話すように心掛ける。会社における出来事を積極的に話題にして、社会を垣間見る勉強をさせたい。

また母親は、授業の内容や学校での出来事を、声に出させていた。日記を書くように、自分なりに今日を振り返り、頭の中や感情の起伏を整理すると、いろいろとカイゼンを考える習慣ができるようになり、**向上心**が芽生える。

何はともあれ、子どもにぴったりと寄り添い、子どもの声に耳を澄ませば、**心からの本音**を語り始めるし、併せてスキンシップもできる。肌は、第二の脳である。

一緒に声を出し、カウントダウン・カウントアップで、湯船の入浴時間を計測する。

フェイスツーフェイスで、素の自分をさらけ出せる虚心坦懐な本音トークを心掛ける。

また、子どもが発する微弱なＳＯＳを、早期に察知することができる。そして、繊細な心の動きをキャッチすることで、心が通い合う。相手の目を直視して、相槌を打って対話をする訓練もできた。

目を合わせられるかどうかが、何よりの親子の信頼関係の証であり、人の話を真摯に傾聴するようにもなる。

幼少期から、喜怒哀楽のさまざまな人間の感情を理解する習慣をつければ、ニュートラルなスタンスで多様性を寛容できる、知的で創造力に溢れた聡明な人間になれる。

トヨタの新入社員研修のワンタームで、先達の**「失敗談の聴講会」**なる場があった。

各部の部長が壇上に上がり、一人三十分のもち時間で、過去に自身が失敗したトラブルを話し続けるものである。聴講していて、よくもこんなに恥ずかしいことを、何の抵抗感もなく、人前で威風堂々と話せるものだと感じた。

研修を終えて、部長という存在は、決して雲の上の存在ではなく、新人と同じ土俵で、志をともにしながら、汗を流す仲間なのだなと実感した。

何事に対しても、「チャレンジしてみたい！」という意欲が湧いた。気持ちが、とてもすっきりした記憶がある。それに倣って、祖父母・親戚・知人・先輩たちの子育ての失敗談をヒヤリングする機会を多くつくり、一つでも多くの教訓を学びたい。

またトヨタの職場では、**べからず集**なるとらの巻が存在する。要するに、先輩たちの失敗のオンパレードを、貴重な財産として語り継ぐのだ。

失敗が、平気で許容される風土が醸成されていると体感した。人間誰しも、失敗に関しては、恥ずべきことと考えて、隠蔽してしまう傾向がある。そうではなく、失敗とは単なる通過点に過ぎなく至極**当たり前の茶飯事**であることを認識させたい。

あえて、人前で少しだけ恥ずかしい経験をさせると、それがバネとなり、失敗の許容が早く確実に身につくものである。

食事をしながら、「お父さんも、大失敗ばかりで、散々だった」と失敗談を連発した。

例えば、子どもがおねしょをしても、絶対に怒ってはならない。「この前より、少しになったね。大丈夫だよ！」、少しの前進であっても、励ます。友達との比較ではなく、**子どもの過去との比較**である。「お父さんは、小学生になってからも、おねしょして、べしょべしょの布団を干したよ」「ワハハ！」と、失敗を笑いながら話す。人の武勇伝なんて聞きたくもないが、失敗談には、心惹かれるものだ。

子どもは、**父親を単なる凡人**と認識し、気持ちが楽になったと思う。威厳に満ちた態度を取ったり、偉大なる父親である必要は、まったくない。ごく、人並みでいいのだ。

自らの弱点をさらけ出し、何も飾らない、自然体でいこう。

つまり、どんな悩みでも気楽に相談できる、**笑顔の絶えない安心な家庭風土**をつくることが大切である。

特に父親は、少し怖いし、何かと気難しい存在に感じると思う。よって、近寄り難い印象を脱却するために、緩んだ姿で**おやじギャグ**を連発した。

ちなみに、「五回のなぜを繰り返す」のフレーズは、あるお笑い芸人の、「なんでだろう〜なんでだろう〜」のゼスチャーつきであった。子どもには、とても受けた。

ギャグ・ジョーク・ダジャレは、**柔らか頭**へのウォーミングアップになると考える。

例えば、父親があるお笑い芸人がふんする変なおじさんのパジャマを着たり、母親がかわいらしいアニメキャラクターのＴシャツで過ごすのも、グッドであると思う。少し怖い父親を、払拭できる。

あれこれの布石を打てば、子どもがいきいきしてくる。

思春期の子どもへの接し方

トヨタの社員教育のなかで、**「企業価値を上げるには、一人の一万歩をアシストするよりも、全社員の一歩をどう踏み出せるかを考えよう！」**と、マインドセットの集積を、繰り返し教えられた。つまり、ボトルネックを改善するボトムアップの考え方である。

子どもの心理的なボトルネック期間は、青春真っ只中の中高生の悩み多き多感な時期であると思う。大人へと移行する思春期にさしかかると、その未熟さゆえに、壁を叩いたり、物を投げたり、親に大声で暴言を吐いたり、部屋に閉じこもったり、わけもなく反抗を繰り返す。

不機嫌の内容は、支離滅裂であり、とても理解に苦しむ。

親のマウンティング行為によってその矛盾を論理的に追求するなんて、もっての外である。もぐらたたきの問題解決は、「暖簾《のれん》に腕押し」のムダとなり、さらに負のスパイラルに陥ってしまう。

また思春期は、男女とも体の急激な変化が始まるとともに、迫りくる得体のしれない受験戦争に巻き込まれ、親しい友達すら、ややこしいライバル関係に変わりうる。

先が見通せず情緒不安定になり、心の整理がうまくできず、平常心を保てないと考える。気持ちの振れ幅が大きすぎて、自身で思うように制御できないのも無理もない。おそらく、自分の不安なる孤立の状態を、最も身近な親に認めてほしいと思っているのだ。

では、親離れ&子離れの思春期に、どのように子どもと接したらいいのかを考える。ちなみに母親は、底抜けの明るさで日常の何気ない雑談シャワーとともに、適度のボディータッチを繰り返していた。「うっとうしい、触るなよ！」なんて言いながら、結構うれしいのではと推測する。人間の本能がそれを求めているはずだ。

太陽のように家族を優しく温かく照らす、唯一無二の存在であった。**母親の無邪気さやポジティブで楽天的な振る舞い**が、すべてを救う！

一方父親のスタンスは、ゆとりの距離感を保ち、穏やかに冷静にそっと見守ることにほかならない。すれ違いざまに、「何かできることがあったら、遠慮なく言ってね」などの、**芯のあるワンフレーズ**程度でいいと思う。

あるいは、新聞の社説を読みながら、自身の考え方や見解を独り言のようにつぶやいていれば、子どもは、何気なく聞き耳を立てているものだ。狭まっている視野を、外の世界に広げてあげ、心を落ち着かせよう。

要するに、やり場のないストレスの自然なガス抜きに心掛ける。いかなることにも、「何とかなるだろう」のファジー精神で、**快適な楽しい生活空間、おいしい食事、温かな精神**

的サポートをするに尽きる。
子どもに自主自立の精神を身につけさせるには、居心地の良い環境を整えてあげることが親の重要な役割である。

第四章　子どものやり遂げる力を身につけるためのトヨタ式

目的意識をもたせる

トヨタ式では、**「常時、目的意識をもつべし！」**と言われる。物事何でもそうであるが、今これから「やってみよう！」と、トライすることに対して、目的意識をもつのともたないのでは、そのあとに出てくるアウトプットに非常に大きな差が出てしまう。

例えば、高騰するガソリン代のコストを何とかしたいという目的意識をもつと、街なかでやたらと、トヨタのハイブリッド車が目に飛び込んでくる。急に走りだしたわけではなく、目的意識をもつから、その存在が目に留まるのだ。

人間は、自分と無関係な興味のない情報をスルーしてしまう習性がある。常時、目的意識をもって行動していれば、物事の本質に気づき、深く学ぶことで、何気ないふとした瞬間に、突拍子もない、革新的なアイデアに遭遇するものだ。

クリエイティブな発想は、体にストレージされた知識と経験知の発酵現象と考えるが、目的意識がそれを見事に開花させる。興味が湧くと、生命エネルギーが高まる。

いったい何のためにこの行事に参加するのか、何のために勉強するのか、何のために資格を取得するのかの目的を絶えず明確にする必要がある。

子どもに、「何の目的で、この合宿に参加するの？」と聞いてあげよう。子どもには、行動する前に、**目的を考える習慣**をつけさせたい。結果、自主自立の精神とやり遂げる力を身につけることができる。

正に地頭力であり、どのようなパーソナルブランドの付加価値を、実社会に提供できるかである。言われたとおりにやるだけの依存型のイエスマンになったら、親としては悲しい。

東京大学に合格すると、一気に目標を失い、もぬけの殻になってしまう学生がいる。息子の同学年からも、数名が力尽きて東京大学を中退している。これまでの数年間に、千辛万苦に耐えて積み重ねてきた努力は、いったい何のためだったのか。実にもったいない。

真因は、東京大学に合格することを、**手段ではなく目的**にしてしまったからだ。正に、無気力の燃え尽き症候群になってしまった。合格することだけを目的に試験勉強に取り組むことは、ナンセンスである。

目先だけを見てしまう、「木を見て森を見ず」の近視眼的な状態になっている。思考範囲が狭くなり、全体像を把握できていない。

そこで息子には、「貴方の人生の究極の目的は、難関大学に合格することではないよ。自身のコア領域の得意なスキルを活かして、**世のため・人のために貢献する**ことだよ！

死ぬまでゴールは、ないからね」と幼少期から、**利他の精神**の大切さを繰り返し伝えてきた。

どんなに不器用であっても、世渡りが下手であってもいいのだ。小さな歯車となって、世のため・人のためになることは、**心の主軸となり、成長エンジンの原動力**と考える。

それではなぜ、「世のため・人のためになる！」という目的意識を持てないのか？ それは、幼少期から、**褒められる経験**が乏しいからだ。

褒められ続ければ、自己肯定感のスイッチがオンになり、人の役に立ちたい！ という思いが、自然に芽生えるようになる。

つまり、**心躍るような成功体験のストレージ量**の差が、人生を大きく左右する。よって、先述の、褒めニケーションを大切にしたい。

幸い息子は、東京大学に入学してからも、自ら見いだした公認会計士の資格取得という目標を目指し、東大在学中に、見事に合格を勝ち取った。資格取得が目的ではなく、スタートアップのベンチャー企業を、財務会計面から成長軌道へと導くアシストの仕事をしたいという、強い目的意識があったからだ。そして現在も、次なる目標を掲げて、奮闘努力を続けている。

繰り返すが、何か行動する前に、いったい何のためにやっているのかをしっかりと意識させる。絶えず目的意識をもつことができる能力は、正に地頭力の筆頭能力である。目的を達成するための決断力、意思決定力をつけることができる。

何事においても、軸がブレない、**芯のある自分軸**を有した頼もしいパーソンになれる。他人からとやかく批判されることもあろうかと思うが、人からの評価に振り回されないように注意したい。意味不明のつまらぬノイズに左右されることなく、直ちにシャットアウトするべし。あるお笑い芸人さんの、「カラスの勝手でしょ」であり、**自分なりの花**を咲かせれば、それでいい。

いちいち気にして悩んでしまうと、思考回路が堂々巡りになってしまう。緊張感により無限ループに陥り、自分を見失ってしまうケースがある。

それを打破するには、赤の他人からではなく、仲間からのアドバイスを受けているんだと、肯定的に捉えればよい。我が道を突き進んでいく、ゴーイングマイウエイである。

要するに、**自分が清く正しく頑張っているのか否かを、自問自答する**ことだけであると、同じアドバイスを繰り返した。他人の価値観を理解できた瞬間に、次のステップに向かうための、新たな一里塚を記すことができる。

人生の岐路に立ったときには、自分の道は自分で決断し、猪突猛進するのだ。

また子どもには、**付加価値の重要性を力説**した。

例えばプロ野球のドラフトのトップ選手には、羨望の眼差しを送ってしまう。球団は、トップ選手の入団時に、一億円超の契約金を支払う。夢の報酬は、とても羨ましい。

子どもには、「実は、貴方の就職の契約金は、五億円以上だよ！　貴方には五億円の**プレミアム値札**が付いているよ。プロ野球選手をかるく超えているよ。ジャンボ宝くじ以上だよ」と伝えた。

入社から定年まで勤めれば、長丁場にはなるが、生涯獲得賃金はそのくらいになるものだ。

憧れの別次元の報酬ではないことを説明した。

子どもは、自分の有する奇跡以上である付加価値に目をクルクルさせて驚愕した。

子どもに自身の付加価値を認識させて、自信をもたせる。すると、何事に対しても、純粋に、失敗を恐れずに、平気でトライするようになる。

時間管理の手法

トヨタの新入社員研修では、**「時間管理をしっかりと！」**と徹底的に指導される。エンジニアのドレスコードは、作業服＋ストップウォッチが基本である。よって常時、ストップウォッチを首から下げている。

それは、窓際の著者が配属初日の職場で、部長からプレゼントされた物であり、「君の一日の持ち時間は、八時間ではなく、二万八千八百秒である」と伝えられた。例えば、歩行距離の短縮により、一秒に要するコストをとことん探究していく。たった一秒でも、「塵も積もれば、山となる」である。

秒単位の行動感覚をまったく有していなかったのでかなりシビアに感じたが、端的に言うと、**「集中力を極限まで高めなさい」**ということである。

上司から、「時は金なり」はもちろんであるが、「金で時は買えないよ」とよく指導された。

そこで子どもには、勉強・運動・食事・お風呂などのありとあらゆる場面で、「何時何分までにやれる？」「何秒でストップね」などと、徹底的に時間を区切って、時間管理の大切さを意識させた。

家のあちこちに、百円均一ショップで購入したタイマーがたくさん置かれている。ゲーム感覚で実施し、目標を達成したら、ギュッと荒っぽくハグして褒める。両親だけでなく、祖父母からの愛情ハグは、輪をかけて良いと思う。

「このドリルは一枚で三分だから、三枚を九分でね。よーいドン！」である。足踏みしないような**ペースメーカー**をつくれば、行動にリズム感が生まれ、頭の回転が速くなる。各教科のドリルを、矢継ぎ早に、パラレルで交互に、高速の対応スピードで進行させる。思考の切り替え力と段取り力が、養われると考える。

脳の筋力トレーニングにより、**段取り力**がかなり向上したことを実感した。将来は、複数のプロジェクトを同時並行でそつなくこなせる、**マルチタスク人間**になれるだろう。つまり、変わりゆく環境に応じて、自身を変幻自在にグレードアップできるのだ。何とか、**右脳の潜在能力**を引き出したい。

徐々に、時間配分を子ども自身が決めるように切り替える。自分で決めると、しっかりと守らなくてはならないからだ。活動が主体的になるため、責任感も生まれるし、達成感の喜びを味わえる。その結果、目標達成に向けて、相当な集中力が身についた。

ちなみにトヨタでは、区切られた基本タイムを**「原単位」**と言う。業務のタスク管理は、トヨタの現場経験則から導き出された、十五分単位で実施する。

この原単位は、**スキマ時間**でつくれる、最も集中力を持続できる小刻みな時間である。一日八時間を三十二分割、つまり三十二タスクが可能となる。そして、いつ、誰が、どのタスクを実行するのかを決める。つまり、「人に仕事」ではなく、「仕事に人」を割り当てる。業務の遅れに早期に気づき、挽回しやすいリカバリー可能な単位時間なのだ。

子どもは勉強をまとめてやろうとするから、ついつい面倒になって、後回しにしてしまう。

そこでトヨタの、「品質は工程で造り込む」の理念に基づいて、原単位の小刻みな十五分を目安として、その場で**少しずつ丁寧に完了**させる。この作業の繰り返しが、継続によって習慣へと変わり、確実な成果へとつながる。

ちなみに、人に仕事を与えることは、「定員制度」と言われ、トヨタの現場では、最もムダなやり方であると考えられ、敬遠される。

また、平日と休日のそれぞれの時間配分をしっかりと決めておき、規則正しい生活のリズムをつくってあげたい。すると、人間本来の免疫力がアップし、心身ともに健康体を維持できる。

休日の朝は、だらだらとお昼まで寝ているのはもっての外である。特に、親の休日寝坊は、論外だ。部屋のカーテンは、朝陽が透き通る素材の物をチョイスする。

自然の摂理に従って、平日と同時刻に、朝陽を浴びながら爽やかに起床し、計画されたルーティンを淡々と実行する。是非、朝活を意識して、朝型人間になりたい。

受験時間にしろ、就業時間にしろ、九時前後からスタートする。冴えた頭脳で、トップギアの速度で突っ走るためには、早起きが原則である。自己管理力が自然に養われる。

トヨタでは、**「一筆書きのレイアウトを意識すべし！」**と言われる。現場の作業導線は、決して同じルートを後戻りすることのないように、最短ルートで、一サイクルの標準作業のリードタイムを決定する。

ちなみにトヨタの現場の床面には、歩幅の足型がマーキングされている。原則として、現場を走ってはならないという教えである。つまり、瞬間風速を上げてもまったく意味がなく、一歩の距離を定義する、ペースメーカーの大切さを教える。そして万歩計を携帯して、足型を踏みながら、**平常心を整える**。

受験では、入試の数ヵ月前から、入試当日と同じシチュエーションで一日を過ごす**シミュレーション**を繰り返し行い、心構えをもたせる。なるべく早い段階から、志望校のオープンキャンパス・学園祭・入学式・卒業式を見学すると、ゴールのイメージが明確になってくる。ゴールが鮮明に見えないから、今一歩、何事にも身が入らないのだ。

トヨタでは、目標値を意識するために、大きな声を出して、これでもかこれでもかと繰り返し唱和して目標を心に刻むのだが、それに倣って、できれば三年前あたりから、行事の見学の機会を多く与えれば、**目標を意識する**心地よい刺激になる。ゴールイメージを鮮明にする訓練の徹底により、人生のビジョンを描けるようになる。

トヨタの基本思想で、**「ジャストインタイムとは、必要な物を必要なときに必要なだけ」**がある。切りのいいところまでやってしまうとダラダラと惰性になってしまうため、余分なことは、いっさいしない！　という必要最小限の考え方だ。集中力を切らさないための、先述した原単位の考え方を重視したい。

ジャストインタイムに基づき、テレビの視聴は、録画を基本とする。ゆえにリビングルームで延々とテレビを見てしまうのは、何としても避けたい。受動的なメディアは、思考回路がストップしてしまう。見るべき番組を、決めておいたスケジュールで視聴する。

また、映画館に定期的に足を運びたい。街にロードショーを見に行くという、能動的なカタチが良い。一分前に到着し、「ギリギリ間に合った。セーフ！」はＮＧだ。十分前には着席し、徐々に鑑賞モードに気持ちを切り替えたい。

映画は、起承転結のヒューマンドラマを通して、人間愛や人生観を短時間でリーズナブルに学べる。ストーリーの展開予測・行動予想などをさせる。これにより、道徳観・倫理観・正義観を養うとともに、洞察力・予知力・決断力を獲得することができる。

映画の鑑賞後に、エンドロールを見ながら、映画製作において、どんな仕事があって、各キャストが果たすべき役割は何なのかを教えよう。どれほど多くの方が携わって、一本の作品ができあがっているのかの**現場力**を把握できる。

このような具体的事例に関わることで、社会構造のしくみのイメージをつかませる。そして最後に、親子で奇想天外なシナリオやドラマチックなラストシーンを評論し合って、レビューをまとめることを忘れない。

また、日々の出来事を振り返り、毎日欠かさずに日記を書くことを推奨したい。**「今日の楽しかったこと」**を振り返ろう。自分なりに、頭の中や感情の起伏を整理して、簡潔にまとめる。その繰り返しの習慣により、記憶力や創造力や要約力が高まる。このアウトプット作業が、国語力向上のためには、とても大切である。

そして、部屋の中は、基本的にお出かけの外出着で過ごす。日曜日のパジャマ姿は、もっての外である。ちゃんと、リラックスさせたい。特に、親はおしゃれセンスに気をつけたい。ビジネスマンは、見た目の第一印象が大事である。

よって当たり前のことであるが、「おはよう。いただきます。おやすみなさい」などの大きな声を出しての挨拶は、生活のなかでは、基本中の基本である。家族間であっても、決して、疎かにしてはならない。挨拶さえできないようでは、人間として失格であるし、実社会に出てからも、万人から認められることなく、活躍の機会をまったく与えられないだろう。

当たり前のことを当たり前のように行う**凡事徹底**を、粘り強く実践したい。

また、ラジオ体操・第一第二などのバランス感覚の優れた全身運動は、すばらしい。体操のバージョンを、デイリーで変えてみるのも、とてもおもしろい。近くの公園で、朝陽を浴びながら、祖父母と一緒に運動ができれば、最高だ。

そして、全力でおしくらまんじゅうをして、汗をかいて仲良く楽しみたい。家族とのたくさんの思い出づくりにより、**心の故郷**ができる。芝生の上で裸足になれば、足指先の末端神経の刺激となるし、大地と一体化すれば、爽やかな気持ちとなり、いろんな雑念も取り払われるだろう。人間は、地球人だからだ。

約束を死守する

トヨタ式では、**「いつまでに何をどう実行する！」**が、徹底管理されている。皆で決めた約束事、つまりルールを確認し合って、きちっと守る。

納期の概念を、しっかりと理解させる。デッドラインの管理は、ビジネスをするうえでも絶対条件であり、約束を確実に守るということで、責任感を体に植えつける。

社会人として、クライアントとの約束を厳守することは、相手から信頼されるための基本中の基本である。「約束は、法律に匹敵する！」と解釈する。約束を守り続ければ、顧客からの確かな信用を築くことができる。正に、地道にランドマークを築いていく道のりである。

そこで家庭では、**親子の約束事**をそれぞれが決めて、しなやかに実行する。幼少期には、指切りげんまんをして、ともに約束を誓う。

少年期には、受験勉強であっても、「六月二十日までに、数学の青チャートの数列を完璧にマスターする」などと決めること。**期日から逆算した計画スケジュール**を、子ども部屋の壁に設置された**目標管理ボード**に自分で記入させる。

七転び八起きのだるまの背中に目標値を記し、目玉を描き入れるのも良い。そして、家族で進捗を確認し、とことん話し合う。ほぼリアルタイムでの勉強の進み／遅れを把握して、直ちに対策を実施する。

トヨタでは、これを**進捗管理状況の見える化**という。決して、偉い人に見せる化の単なる掲示物ではない。進み過ぎを是正し、遅れ過ぎを早期に挽回する、ジャストインタイム指標とする。

有言実行の感覚が身につく。そして、約束が実行できたら、ギュッと優しくハグして褒める。

また、時間割などの明日の準備を、慌てて当日の朝にするのではなく、前日に必ず余裕をもって実施する癖をつけさせたい。予習に関しては、事前に分からないポイントを絞れる意味では、復習よりも力を入れたいところだ。

トヨタではプロジェクトの成功は、事前準備で七十％以上が決定すると言われるが、「備えあれば憂いなし」の重要さを、キッチリと教え込む。

ルールを決める

トヨタ式には、**「標準作業」**という考え方がある。マニュアルや取扱説明書に対して時間軸を付与するカタチが基本スタイルである。何を何秒で、次に何を何秒での手順で、最適に定められた標準作業をシーケンシャルに実行していく。

つまり、**正常を定義**するのである。そして、正常から外れた場合に、異常状態と判断し、カイゼン活動を行う。「これは、簡単な仕事だ」と甘くみてしまうと、ヒューマンエラーが多発してしまう。

トヨタの現場には、標準作業表が数十万枚も存在すると言われる。まず、標準作業を基に、さまざまなビジネスシーンにおいて、**①上司が手本をやってみせる②部下にやらせる③訓練を繰り返す**の三つをひたすら反復し、体に焼きつけて、定着させることが、基本教育のルーティンである。結果、脈々と技能が継承される。

標準作業表ができあがって「はい終了！」ではなく、作成して初めて、カイゼン活動のスタート台に立ったということだ。標準作業が存在しなければ、何がいいのか、何が悪いのかを判断できない。正に、智恵の結晶により、職場がリボーンされる。

トヨタの現場では、目まぐるしい環境の変化に即応するために、今この瞬間にも、弛まぬ「カイゼン」により標準作業表が日々刻々と進化を繰り返し、安全・品質・生産性が確実にスパイラルアップしている。すると半年後には、現場がガラッと変わるのだ。皆で決めたルールを造り込み、環境の変化に応じて、カイゼンレベルの目盛りを上下させる。

標準作業表は、正に鮮度が命である。チームの皆で決めた目標だから、活動が主体的になって、やり抜けるのだ。

トヨタでは、**「カイゼンは、スピードが命。走りながら考えよう！」**と言われる。「カイゼン活動」の前段階で、上司の許可はいっさいいらない。良いことをするのに、いちいち承認が必要なのだろうか？　ベストではなく、ベターの選択でよいということだ。

また一流のスポーツ選手は、ルーティンワークのトレーニングメニューを組み立てている。そして、日々の地道な一歩一歩の積み重ねにより、見事に好成績につなげる。

社会生活の基盤を創るうえで、正常を定義する、つまり**ルールを遵守すること**が大切である。ルールを守り続けることにより、自然に社会や人をリスペクトするようになる。また生活が、リズミカルになる。

よって子どもには、**「なぜこのルールが大切なのか、ルールを守らないとどうなってし**

まうのか」の必要性を、本人が納得するまで現地現物でとことん急所を教え込み、体得させる。型の習得を通じて行動規範を身につければ、道徳感や倫理観が養われ、凄みがついてくる。

ルールを守り続けることは、ある意味、我慢させることである。ルールを決めたら、きっちりと守らせる。そして、思い切り褒めてあげる。

ルールを守れなかった場合は、少しだけその場で叱る。**親の説明責任**を果たすとともに、子どもに嫌われたくないなどの承認欲求の気持ちを捨てよう。

本人に、叱られた理由を納得させ、声に出して謝らせる。「よく謝れたね！　偉いよ」と、ギュッと優しくハグして褒める。愛情表現のハグをすれば、親子の絆も深まる。何よりも、この繰り返しが大切である。

ボタンの掛け違いにより、親子で多少の摩擦があったとしても、すぐに仲直りできる。

それが一つ屋根の下に住んでいる家族のいいところである。ただし、言い合いの際は、**人格を責めるのではなく、お互いのやり方を攻めるトヨタ式**を十分に心得ておく。

また、人間社会には秩序があることを学び、結果、忍耐力がつく。人生はうまくいったら御の字であり、自分の思うとおりにならない不可抗力の事案が、ごく当たり前である事実を学ばせる。理不尽な事柄に対しても、我慢強さを身につけさせたい。

人間は「もっともっと欲」により欲求に支配されてしまうと、正常な心理状態ではなくなると考える。世の中、そんなに甘くはない！　人生はとても不条理であるし、落とし穴だらけだし、人間社会は決してフェアではないことを教える。

日本には古来より、「水に流す」という美しい言葉がある。日本人らしい曖昧な優しさを大切にしたい。のちに、実は、人生は自分の思ったとおりに進んでしまうことを学ばせた。例えば、「こんなことはできない」などとネガティブに考えてしまうと、潜在意識に刷り込まれて、永久にできなくなるのだ。

心身の調子が不振となるスランプ状態は、努力をしている証であり、かなりの伸び代があると考える。スランプに陥らないためには、ネガティブワードを決して使わないように、細心の注意を払った。なぜなら、潜在意識のなかに深く溶け込み、強い暗示となって刻まれてしまうからだ。

子どもに向かって、「そんな下品な言葉は、使っちゃダメ！」ではなく、「その言葉を君が言われたら、どう感じるかな?」である。視点を変えて、他人の気持ちを思いやる訓練となる。ちなみにトヨタの職場では、それぞれの役割を理解し合うことを目的として、立場を変えるクロスローテーションの異動が定期的に行われる。

トヨタの仕事の流儀は、**「決めたことを、決めたとおりに、きちっとやる」**、つまり仕事の３Ｋである。

当たり前のことを当たり前のように本腰を入れて取り組むことが、実はいちばん困難なことである。しかし、凡事徹底をしつこく継続すれば、「何が問題なのか、何ができていて、何ができていないのか」を見抜く力が自然につく。

民主主義に基づいた社会生活をするうえで、やりたくないことでもやらないといけないケースもある！　を学ぶ必要がある。

しっかりできるように子どもに寄り添えば、**強い意志力と忍耐力**がつく。子どもは、粘り強くストイックなパーソンになった。

目標管理に関して

トヨタでは、**「ＰＤＣＡを根気よく繰り返せ！」**と言われる。Ｐ（目標設定）・Ｄ（実行）・Ｃ（デイリー管理＋反省）・Ａ（改善）のフローである。業務におけるさまざまな目標値が、職場の壁の目標管理ボードに記されている。目で見る管理により、計画×実績の過不足をメンバー皆で、チェック・分析・対策立案・即座のアクションを図る。

効果検証のしくみとして、レビューといわれるステップがある。つまり端的に言えば、節目節目で振り返るということである。極力、小さなＰＤＣＡを回すことが、**早期の成果**につながる。

上司から、「きれいなグラフは、疑うべし！」と指導される。異常があれば、目に飛び込んでくるカタチである。

リビングルームの壁に設置された目標管理ボードは、チェックシートのイメージで、**「レ点・塗りつぶし・折れ線グラフ・棒グラフ」**などを活用し、一目で現時点の達成状況を把握できるようにする。つまり、見えにくいものを見えやすくする**見える化のしくみ**である。

自らデータを記入することで、大切な指標は何なのかを理解させられる、アナログ手法がいいのだ。常に、**「書く・声に出す・繰り返す」**の三動作を心掛ける。すると、脳内記憶に焼きつき、深く刻まれる。

　母親の手書きの花まるやお天気マークやニコちゃんマークや、百円均一ショップのかわいらしいキャラクターシールなどを活用すると、子どもは喜ぶ。あたかも、スタンプラリーのようで、楽しく実行できる。すべて、子どもと一緒に手作りをする。見える化のおもしろおかしいしかけを作ると、実はホッとするのだ。

　目標値を稼働日で割り、**デイリー毎の進度を管理**する。行き当たりばったりのなりゆき任せは、言語道断である。

　例えば、初めての自転車・水泳のタイム・そろばんの昇級・勉強の学年順位などの目標設定において楽しいネーミングで、「〇〇大作戦」などと題して期限・達成目標値を小刻みに設定する。すると、**ゴールをイメージ**しやすいのだ。つまり、すばらしい景色を心に刻むことで、早期の実現性が高まる。

　ゴールできたらトヨタの「選択と集中」の考え方に基づいて、スパッと止めても良い。五十m自由形のタイムを、いつまでに、何秒まで縮められるのかである。ビデオを活用し、映像解析により、タイムアップのためのカイゼンを必死で考える。これからは、迫力あるドローン撮影を活用するのも、ワクワクしておもしろいだろう。

　目標を小刻みにすると、達成感を都度味わえるものだ。達成時には、親のぬくもりを肌で感じる、スキンシップや愛情ハグで思い切り褒めてあげることが大切である。そして、次なる目標を、本人自らが設定し、一歩ずつ着実に前進する。

家の柱に、伸びた身長の印を小刻みにマーキングするのも、自分の成長を短期間で実感できて、うれしく感じると思う。そして、定期的に過去を振り返り、「こんなにできるようになった！」と、前進できた努力を褒めてあげよう。

トヨタの生産管理は、「山を崩して谷を埋める」である**平準化**の思想に基づき、売れるスピードでモノを生産する。これに倣い、子どもならではの一定のペースを乱さないように注意する。「早くしなさい！」なんて、親の時間軸はありえない。

すなわち、**「バラつきは、諸悪の根源」**の考え方で、ピークをつくらない、親の過度の期待により瞬間風速を上げないように、温かく見守りたい。

トヨタの社員教育では、イソップ童話の「うさぎと亀の話」が引用される。なぜ、亀はレースに勝利することができたのか？　スタートをしてからゴールをするまで、終始ゴールだけを見続けていたから、のろまな一歩ずつであっても勝利をつかむことができた。では、なぜうさぎは負けてしまったのか？　それはゴールをまったく見ず、終始亀だけを見続けていたからだ。

うさぎというのは、なりゆきで達成できてしまう適当な目標や、能力はあっても向上心のない人のことを意味する。つまり、目標設定の大切さを考える。先のことにとらわれないで、子どもの**明るい将来に焦点**を当てよう。

心のなかではさらに二割アップの数字を掲げて、その目標達成には、「いつまでに何をどう実行する！」と、時間感覚をもって、小さなＰＤＣＡを繰り返すことが大切である。たとえ目標達成ができなくても、得られるものは大きいと思う。

常時、コスト低減の目的意識をもっていれば、自分の課題に対して、「いつまでに何をどのように達成する」の解答になるはずである。

トヨタ自動車社長の口癖で、**「ネクスト・ワン」**というフレーズがある。あるべき姿は理解できるが、一気には高みに到達できないから、階段を上るかのごとく、目標を見据えて、**次の一歩の前進が大切**であるという考え方である。

「ローマは一日にしてならず」ではあるが、着実にゴールに近づく。つまり、子どもの目標をコマ切れに刻んで、早め早めの着地点をつけてあげることだ。前向きにトライしやすくなる。すると、気軽なペースで取り組むことができる。

あまり遠くを見ない**小刻みのプロセス目標を設定**すると、何度も達成感を味わうことができる。この小さな成功体験の積み重ねが確たる自信につながり、**自己肯定感**により、やる気とモチベーションをアップさせる。振り返ってみると、いつの間にか、結構前に進んでいるものだ。「いい道を、着実に歩んできたな」と、感慨深く思っていればよい。つまり、ジャストインタイムの思想に基づくと、目標達成の近道になるのだ。

子どもは、大なり小なりいろんな挫折を経験すると思うが、その都度、「残念だったね。でも大丈夫！」と、必ずスキンシップを取りながら励まして、ネクスト・ワンの目標を確認したい。

子育てにおいては、損得勘定ではなく、真面目に愚直に徹底的に、信念を貫きたい。

大人扱いをする

トヨタ式では、**「人間性尊重」**という考え方がある。この世に生を受けたすべての人間に対して、リスペクトしなければならない。

例えば、新入社員であっても、自宅に戻れば、一国一城の立派な主である。日常のどんな些細な事柄であっても、自力で意思決定を繰り返している。

同じように、子どもでも**一人の立派なパーソン**であり、子ども扱いをしてはならない。つまり、「まんま・ブーブー・わんわん」ではなく、「食事・自動車・犬」にすれば、ボキャブラリーが自然に増える。赤ちゃん言葉は、厳禁である。子どもという概念を捨て、対等の人間として、公平に接する。

親が勝手に行動を決めてしまうのではなく、必ず**「君は、どうしたいのか？」**と確固たる意思を確認する。頭の中で、自分の考えを総括し、正しい文法の日本語で、自由闊達に表現する力がつく。

子どもには、赤ちゃんの頃から、大人の友人に会話をするように話し掛けることを基本とした。「会社帰りの電車の中で、偶然に小学校の同窓生に会ったよ！　昔話に花が咲いたよ」とかを、湯船につかりながら、至近距離で目と目を見つめて、二人だけの世界で集中し、縦横無尽に、白熱の対話をする。

「あーうー」と、必死で訴えているのに対して、何を言っているのかさっぱり分からなくても、「何でも喋れるね」と頷き、真剣に大人言葉を心掛ける。幼少期から**褒め続けていれば、自己肯定感が養われる**だろう。

そして、子どものつぶらな瞳の奥を、じっと見つめよう。深く澄んだ清らかな瞳に吸い込まれ、愛情が沸々と湧き、いつまでも観ていられる。この世でこれほど神秘的でピュアな宝石は、どこにも存在しない。

ところで、幼児に人間の絵を描かせると、胴体のない「頭足人」となる。しかも、目は顔から飛び出るほど、とてつもなく大きい。つまり幼児は、しっかりと目を観察しているということだ。**目を観て対話**をすることは、とても重要なのだ。すると、**人の話を真摯に傾聴**するようになる。

ある日、まつ毛エクステを終えて帰ってきた母親を見て、子どもが「どうして、お母さんはびっくりしているの？」と聞いていた。「目は、口ほどにものを言う」である。いつも、優しいまなざしを心掛けたい。

ちなみにトヨタでは、**「話し合いの文化」**がある。ルールとしては、批判厳禁・自由闊達である。

子どもファーストの傾聴のスタイルは、**目線を平行に合わせて、膝をついて、しゃがむこと**だ。先入観を捨て、フィルタをかけることなく頭の中を真《ま》っ新《さら》状態にすることが基本である。世間話を、「なるほど！」と、全力で話し込む。

子どもの同級生たちと比較をしても、大人度には明らかな差を感じた。欧米の子どもが日本の子どもと比較して大人度が高いのは、親の教育観の差にほかならない。

子どもが、「やだ、○○したい！」と駄々をこねたり、わがままを言ったりする。すぐさま「今度ね」となだめるのではなく、「なぜ、今しなければならないのか？」の必要性をとことん追求する。このやり取りを繰り返していれば、理路整然と筋の通ったプレゼンができるパーソンになれる。

また、**接遇マナー**にも気を遣いたい。食事の際、箸の持ち方・動かし方・箸置きからの取り方などの正しいマナーだけでなく、やってはいけないタブーの両方を教える。なぜこのタブーがＮＧなのかを腑に落ちるまで考え続けさせる。自身で納得すると、正しい礼儀や作法が自然に身につく。

ディナーがハンバーグのメニューの場合、お箸ではなく、西洋文化のナイフ＆フォークを使って、定期的に練習をさせた。訓練をしていれば、いざというフォーマルの宴席で、迷わずスムーズに、自信をもってかっこよく実践できる。

子どもの自主性を高める

トヨタでは、**「社員の自主性」**を尊重する。Ａ３の稟議書が承認されたら、つまりプロジェクト推進の考え方が決定すれば、あとは担当者に業務を、すべて任せる。なぜなら、仕事のプロフェッショナルなのだから。

子どもは、言わずと知れた、**学業のプロフェッショナル**である。

例えば、学業のプロに対し、テストの点数に関して、「なぜ、七十点なの？」などと、親のパワーをふりかざして、偉そうに数字一辺倒で批評してはならない。そもそも、完璧を求めてはならない。「落胆しなくていいんだよ。分からないところが見つかって良かったね。ラッキー！」と、ポジティブに明るく伝える。

自分を成長させてくれる**課題を明確にする**ことに徹する。すると、成長のスパイラルを実感できる。

よってテストの意義は、課題を炙《あぶ》り出すための、単なる機会に過ぎない。できた問題だけを過度に褒めるから、うれしくなって、できそうな問題ばかりを解き続ける。これをトヨタでは、付加価値をまったく生み出さない、ムダな作業と考える。理解したつもりでも、実は歯抜けだらけである。

そこで、トヨタの後工程に絶対に不良を流さない「品質は工程で造り込む」の理念に基づいて、**できなかった問題の解決だけにフォーカス**する。二度と同じミスをしないために、なぜ間違えてしまったのかを、徹底的に考え続ける。記憶をしなくてもいいのだ。後回しにしないで、ピンポイントで取り組むことが、付加価値を高めるムダ取りのカイゼンなのだ。

また、「勉強しなさい！」「頑張れ！」「宿題は終わったの？」などの上から目線の言葉は、やらされ感を与えてしまうため、絶対に禁句である。正に現状を否定しているようで、励ましにはならず、著者は好きではない。

このようなマウンティング行為を、トヨタでは**管理遊び**と揶揄している。ある俳優さんのお決まりのフレーズではないけれど、「それを言っちゃあ、おしまいよ！」である。

親の空虚さを埋めるために、一方的に身勝手な思いを子どもに押しつけている。

子どもは、一人の立派なパーソンであり、親とは発想や価値観がまったく異なる。親の所有物でも操り人形でもない。

本人は、あれこれと言われなくても、百も承知、二百も合点である。強制的な口やかましい指示には、人は誰しも反発したくなる。結果、自己防衛的となり、言い訳が多発してくる。自分は信用されていないと考えてしまい、そのうち親の顔色をうかがうようになる。

子どもの言い訳を聞いたら、直ちに**良くない家庭風土を認識**し、①上から目線のスタンス②責任追及による叱責③過度の期待によるプレッシャーの三点を反省し、家庭風土の改良を施し、本人の自主自立をアシストする必要がある。

また、子どもがびくびくと過敏になってしまう通知表は、特に注意しなければなりません。「成績どうだった?」などと、目の色を変えて、鬼気迫る雰囲気を醸し出すなんて、愚の骨頂である。

親として、そんな一過性の取るに足らない細かなことは、「ふーん、それがどうした」の度量あるスタンスを取るべきである。それよりも、気持ちを楽にして、課題の整理に終始したい。いちいち一喜一憂しないのが、トヨタの不文律である。

そもそも、**親がだらだらした生活をしていないのかを自問自答**しなければならない。自分のことを、棚に上げてはならない。

オフタイムの自己研鑽として、有言実行した目標に向かって、デスクで真剣に取り組んでいるのか?　両親のきりっとした学びの姿勢を見せることが、「躾《しつけ》」の第一歩である。

定期的にファミリーで、図書館の自習室の机に並んで座ろう。すると、「学びたい!」というやる気モードが徐々に高まり、自主的に取り組むようになる。

親がイライラすると、必ず子どもに伝染してしまう。人生の先輩として、いかなるときにも平常心を保ち、理性的なスタンスをとりたい。

ついついかわいさのあまり、子ども扱いをしてしまう。例えば植物は、水を与え過ぎると、すぐに枯れてしまう。最小限の水と肥料しか与えず、植物の生命力を活かしておいしい果実を収穫できる、自然の摂理に従った有機農法を参考にしたい。

適度に厳しい環境が、子どもの才能を見事に開花させる。ジャストインタイム、すなわち必要最小限の思想である。

また、ほかの子どもに対して、偏見をもったり、比較してはならない。反発されるだけだ。「桃栗三年、柿八年」と言うように、子どもの成長のスピードは、一人ひとりの個人差により、明らかに異なる。大きな鍋の水を沸騰させるためには、少なからず時間を要するということだ。魔法の杖などは、ない。

得意不得意・各種センス・運動の速度・学習の進度は、十人十色の稀有なパーソナリティーと考える。人間は、全知全能かつ完全無欠な神さまではない。

多少の迷い道は、他の人が見ていない景色を見るよい機会を得たことであり、その苦難こそが**人生の肥やし**となる。

何よりも、子どもの**キラリと光る個性にスポットライト**を当てて、最大限に尊重したい。友達との比較ではなく、**子どもの過去との比較**をしよう。つまり、子ども本人だけに意識をフォーカスすることだ。

そして、早合点したり、焦ったりしないで、じっと我慢して見守ろう。「そのままで、いいんだよ」と、優しく声を掛けながら、黒子に徹して、陰で支え続ける。

子どもが誕生する前は、「五体満足であれば、それで十分！」とか何とか言っておきながら、いつの間にか、親が勝手に思い描く子どもの理想像を追求してしまう現実が存在する。そうではなく、子どもの現状をつぶさに観て、「これでいいのだ」と**素直に受け容れる**ように、気をつけたい。

そして、自主自立の促進策として、家庭の仕事のなかで、**何らかの役割**をもたせたい。例えば、ペットの世話・金魚の餌やり・植物の水やり・食器のお片づけ・お風呂掃除・スーパーへのお使い・窓ガラス拭き・新聞紙を縛る・洗濯物をたたむとか、何でもよい。ミニトマトや枝豆やミントやバジルなどの家庭菜園も、グッドである。

毎日やること・毎週やること・毎月やることの「タイミング×内容」を決める。**年齢相応の仕事**を与えて頼りにすれば、**責任感**が養われる。

名前を連呼して、「助かったよ。有り難う！」と感謝の言葉と、ギュッと優しくハグをしよう。決して、子どもを王子様のように特別扱いをしてはならない。家族の一員なのだから。

心のスタミナ

トヨタの社員教育では、マザー・テレサの名言である、**「愛情の裏返しは、憎しみではなく、無関心である」**が引用される。人間は誰しも、愛情を糧にしながら、成長する。

放任主義と無視は、まったく異なる。無視とは、単なる任せっぱなしであり、愛情はまったく存在しない。放任主義というのは、自由に任せて干渉しない主義であるが、決して、ほったらかしにするのではなく、基本的に子どもをしっかりと観察し、ファミリーでサポートすることが、大前提のベースにある。

そして、任せた限りにおいては、親としてすべての責任を取る。仮に、愛がなければ、好き勝手人間ができあがってしまう。

よっていかなるときも、子どもとのほどよい距離感を保ちたい。何があっても子どもを守り抜くという、強い意志と決死の覚悟が、最後の砦となり、子どもを安心させる。

決して熱血指導ではなく、リスペクトの眼差しで温かな空気感で見守ってあげれば、子どものシグナルを早期に察知することができる。

父親がいくら窓際族であっても、子どもはつぶさに親を観察している。なぜなら、そこには親しかいないからだ。
口先だけの言い訳ばかりで、ほったらかしにすると、子どもから逃げ腰の親であると見抜かれる。子どもにとっては、どんなポンコツの親でも、かけがえのない唯一無二の存在なのだ。

何とも、責任重大である。産みの親から、真の育ての親へとシフトしよう！

トヨタでは、**「部分最適より、全体最適」**と言われる。大勢に影響がなければ、それでよしとする。あえて失敗をさせればよいし、ある意味、いい加減さの寛容は必要である。些細なことにこだわらない、どんな世界にも通用するストレスフリーのタフな人間に育ってほしい。多少の外圧からも打たれ強い**心のスタミナ**により、精神的な余裕をもちたい。

過度の関わりは、**子どもの自主自立**を妨げてしまう。あまり目くじらを立てないで、子どもの直感を信じて、細かいことを助言しない包容力をもとう。そして思い切って、ハシゴを外そう。「木を見て森を見ず」の近視眼的にならないように心掛けよう。

線路を敷いてしまうティーチングは、受動的になり目的を忘れてしまう確率が高い。子どもの心に火をつけて、やる気とモチベーションをアップさせ、気づきを導くコーチングに徹することが大切である。

「教育を重視する！」とか何とか言いながら、一方通行の「教」のみであり、「育」をしていない現実がある。過度の干渉で、やる気をやらさん気で潰してしまわないように、細心の注意を払いたい。安全上問題がなければ、子どもが興味を示したことに、トコトン最後まで付き合う。

子どもとは、不思議な生きものであると感じる。何気なく突拍子のないことを言い出すし、洗濯機ドラムのような狭い空間に入りたがるし、やたらと高い所からジャンプをしたがるし、砂だらけのポケットからダンゴムシが出てくるし、興味をもったヘンテコな石ころをわけもなくいじくり続ける。その奇妙な生態を拒絶しないで、子どもの興味をありのままに素直に受け容れて、子どもの動作をしっかりと観察しよう。

親が、安全をしっかりと確保しながら冒険をさせることが、自立心を養う。この時代に、命に関わる生存を懸けた冒険の必要性はないが、せめてサバイバル合宿のようなテントのキャンプやトレッキング体験くらいはさせたい。

心が洗われる大自然のなかで、想定外の修羅場に迅速に対処する経験を積めるのだ。子ども本来の**生存本能を刺激**しよう。「モノからコトへ」の未知との遭遇である。

決して手を出さないで正しく動機づけをする、コーチングのスタンスである。レールを敷いてしまうと、終着点が自《おの》ずと決まってしまう。

親として、すぐに道を教えてしまわない、もっと良くなるベターベターの精神で、**我慢**

する勇気の時間軸も必要である。忍耐力も養われ、人間の幅が広がる。選択肢が増えた結果、何事に対しても好奇心旺盛な行動力を有したアグレッシブな子どもに育った。

有言実行の大切さ

トヨタの目標設定は、大きく公言する**「有言実行が原則」**である。これに倣い、目標の数値や決意表明を、自筆の書により、壁に貼っておく。もちろん、時間軸を併せて記すことが重要である。子どもだけではなくファミリーが、三日坊主にならないように、目標設定に対してコミットする。

そして目標達成に向けて、**大きく声に出して宣言し、一気呵成にやり遂げる**ことを誓う。「もう、やるしかない！」状態をつくり、目標を成し遂げるために、退路を断つのだ。**自分の発言と行動に責任**をもつ人間になれる。

また、貴方の親は、しょぼい目標を掲げているけれど、発展途上の未熟者であることを、正々堂々と勇ましく子どもに示す。親の潔さにより、子どもの脳裏に心地よい刺激を与えられるはずだ。

日々、本人が設定した**目標値を意識**すると、見えにくい**ゴールが鮮明**に見えてくる。例えば、医学部受験に合格することが目的なのではなく、「スポーツドクターになって、アスリートを陰から支えたい」と、世のため・人のためになる夢を膨らませたい。

志望校に合格とか、資格取得や就職とかは、フルマラソンである人生においては、単なるマイルストーンにしか過ぎないのだ。つまり、目的意識により、可能性が格段に広がり、人生が大きく変わっていく。

正に地頭力であり、どのようなオンリーワンの付加価値を実社会に提供できるかである。必ず、褒めニケーションを忘れずに。

神社仏閣に参拝の折には、「受験合格のようなお願い事ではなく、日々の感謝と自身の決意表明をするように！」と再三伝えているが、ファミリーの目標の記述と有言実行が大切である。他人事ではなく、当事者意識をもちたい。

明らかに届きそうにない目標設定は、やる気とモチベーションを奪ってしまう弊害になるおそれがある。トヨタの目標値の設定は、頑張れば三十％くらいの確率で達成できる数字が、意欲が湧く目標と考える。もう少しで手が届きそうな目標設定が、いちばん望ましい。

実は、子どもが中高一貫校の中学受験の直前期に、B判定の第一志望校を諦めて、A判定であった第二志望校に切り替えて受験した。余裕で合格するはずが、なぜかつまらぬポカミスを繰り返し、その第二志望校が不合格になってしまった。子どもは、唖然として悔し涙を流すほど、かなりのショックを受けていた。

そして子どもは、**「目標値を下げてしまうと、下げた目標さえクリアできなくなる！」**

という**痛烈な教訓**を学んだ。この人生経験が、挫折ではなく、人生の貴重な財産となった。失敗を逆手にとって学ぶことには、非常に大きな意味がある。「災い転じて福となす」を信ずれば、必ず、将来に活きてくる。

親としては、第一志望校が不合格になっても構わないから、初志貫徹で臨むべきと助言したのだが、あえて息子の弱気な選択を尊重した。自分の人生は自分で切り拓くという、自己責任を認識させたかったからだ。

年齢に関係なく、人生の岐路に立ったときには、自分の道は自分で決断するものだ。のちに、この判断は大正解であったと、認識を深めることになった。

子どもはこの教訓を活かし、大学受験時、第一志望の東京大学合格の目標を、最後の最後まで、貫き通した。そして、東大合格を自力で見事に勝ち取った。「失敗のなせる業」である。

大学受験の進路相談時に、担当教諭から、「そうですか、第一志望は東大ですか。夢を大きくもつことは、大切ですね！」と、絵空事のように、サラリと言われた。冗談じゃない！

夢ではなく、到達可能で明確な目標だ！

親子でともに、心のなかで「何くそ！」とつぶやき、一念発起して合格への決意を新たにしたことが、鮮明に思い出される。**明確な目標を設定**することは、目標達成に向けて本領発揮できる、非常に重要なステップである。

また、父親も努力の姿勢を見せるべきであると考え、難関の資格取得を目指して、資格の予備校に通った。アホな父親は見事に不合格ではあったものの、目標に向かってともに走り続けた喜びを実感できた。

ちなみに母親も、難関の資格にチャレンジし、奮闘努力の結果、見事に合格を勝ち取った。**家族全員で一緒に頑張る**ことは、生きる勇気が湧き、それぞれのシナジー効果を得られる。

第五章　子どもの心の成長に寄り添うためのトヨタ式

慈《いつく》しみの心を育てる

トヨタ式では、**「人を責めない、やり方・しくみを攻める！」**という金言がある。実は、このフレーズが、**トヨタ生産方式の真髄**であると考える。

上司から、このフレーズを、何千回としつこく指導された。気合を入れるド根性論では決して長続きはしないし、人に対して怒ってしまった場合、そこから生まれるものは何もなく、まったくもって論外である。怒りをぶつけると、お互いの心中に軋轢《あつれき》やしこりが、半永久的に残留する。

物事の記憶は時間経過で徐々に消えていくが、マイナス感情は決して忘却しないものだ。破滅のスパイラルに陥る。そして、同様のトラブルが繰り返し発生してしまう。

怒ると叱るは、とても似通っているが、愛情の有無が大きな相違である。怒るというのは、基準とルールがない。叱るというのは、自己実現に導くために、基準とルールが存在する。ただし、叱るときに人格を責めるのは、言語道断である。

「○○君はダメだ！」と怒ると、お互い感情的になってしまう。

一方、「○○君の方法は標準作業と比べて、どうだと思う？」とやり方を攻めると、お互い理性的になれる。

「怒る」ときの視線は、「本人」に直接向けられるため、二人の視線同士がバチバチとぶつかり合い、火花が散る。

「叱る」ときの視線は、「理想」に向かうため、二人の視線は平行線となり、決してぶつかり合わない。

誤魔化しが利かない共通の土俵は、絶対に嘘をつかない現場のみである。よって、同じ「志や目標」を共有していれば、叱っても決して、軋轢やしこりは残らないものだ。

そこで子どもには、怒るのではなく、**思いやりをもって、心穏やかに叱ること**である。

繰り返すが、叱る対象は、人格ではなく、やり方だ。

コーチングにより、慣れ親しんだやり方をカイゼンしないと何がいけないのかを、考える癖をつけさせる。

著者は、子ども扱いをしたくないから、幼児期から名前を呼び捨てしていたが、叱るときだけは、あえて君づけにした。叱られることを事前に察知し、身構えてしまい、冷静さを失ってしまうのではと考えたからだ。

そして、子どもを叱るときには、夫婦で役割を演じたい。二人して叱るのは良くなく、どちらかが子どもを励ますスタンスのチームプレーが大事である。つまり、アクセルとブレーキのバランス感覚が必要である。

夫婦の阿吽《あうん》の呼吸を基にして、極力、短時間で終える。

トヨタの叱るときのルールでは、**「その場で五秒以内」を意識**するようにと言われている。現地現物は、波長がぴったりと一致するのだ。また、叱るときの声のボリュームは、囁くように、極力下げることだ。なぜなら、お互いが第三者のマクロ視点で、冷静になって集中できるからである。

叱ったあとは、何事もなかったかのごとく、一瞬でスイッチを切り替えて、楽しい話題と両親のとびきりのスマイルで緩急をつける。

また、教育観の違いから夫婦喧嘩になるケースが多々あるが、それは至極当然なことだ。子どもの成長を願って、もっと良くしたいという向上心のベクトルが完全に一致しているため、理性的に話し合えば、軋轢やしこりは、決して残らない。

ただし、子どもを目前にしての夫婦喧嘩は、人間形成において良い影響を与えないので、子どもが就寝してから「本当にこのままでいいのか？」をとことん議論をしたい。

子どもは、**両親の関わりを冷静に観察**している。そして、自然に真似る。両親の日々のやり取りを体感しながら、**人との接し方**の基本を学ぶのだ。よって、いつも思いやりに溢れた**地上最強の仲良し夫婦**を、演じなければならない。

子どもの性格形成の根本において、円満な家庭環境は、非常に大きな影響を与える。

特に母親は、家の中で子どもと向き合う時間がとても長く、ストレスを多く抱えて、孤立しがちな状況にある。愚痴や不満に対して、「こうすればいい！」などの男性脳特有の問題解決型の短絡的なコメントではなく、女性脳特有の共感を意識することを心掛ける。

パートナーの母親に心から**敬愛の念**を抱き、意見を真摯に傾聴し、ともに良き人生を、肩寄せ合って歩んでいく。子どもの健やかな成長による、輝かしい未来が待っている。

体技心が重要

トヨタの現場では、**「ラジオ体操」**からスタートする。戦うサラリーマンは、何といっても丈夫な体が資本である。心身ともに健康を維持できないと、安心して仕事に取り組めない。特に、エグゼクティブは皆、肉体を鍛え上げて、健康体を維持している。

あるプロゴルファーが**「心技体」ではなく、「体技心」**だと力説されていた。昨今の日本列島は、酷暑が続く傾向にある。人間の体温よりも気温が上昇すると、体が思うように動いてくれない。いくら気合を入れても、所詮無理だ。しかし、丈夫な体を獲得できれば、気力もついてくる。

よって子育てにおいて、**基礎体力づくり**が、非常に重要である。そのためには、幼少期のスポーツがとても大切である。本人が興味をもった有酸素運動を徹底的にやらせること。一朝一夕ではつくれない運動量の蓄積が、あとになって効いてくる。

できれば、数年間続けられる運動を見つけたい。すると、**やり遂げる力**がつくのだ。

ちなみに、幼稚園の選択では、運動至上主義の方針を掲げた幼稚園に入園させた。礼儀正しさは求められるが、お絵かき、お遊戯などはそこそこで、冬でもターザンのようにほとんど裸状態で野山を駆け巡る、人間本来の生存欲求を満たしてくれる、ニッチな幼稚園にお世話になった。ところが不思議なことに、まったく風邪をひかないのだ。子どもは、免疫力が極めて高く、想像以上にたくましいのだ。

また挨拶は、絶叫に近い大声で行っていた。全身の細胞をくまなく覚醒させることが目的だ。子育てに対して意識レベルの高い、ハイスペックの親が多く、大正解であった。

幼稚園時代に、いわゆるお受験っぽいガリ勉の知識の詰め込み教育をしなくても、のちに東京大学に合格したのだ。**運動量を確保**したことが、その要因である。

受験のギアチェンジの追い込み時に基礎体力がないと、最後はヘロヘロになって失速し、せっかく体得した学習能力を十分に発揮することなく、自滅してしまう。ライバルをごぼう抜きする前に、自分自身に負けてしまう。心身ともに充実した健康状態を維持しながら、トップギアの正面突破で、一気にブレイクスルーしたい。

受験勉強や会社生活において、**粘り強く集中力や気力を持続できるのも、基礎体力がバックボーン**である。

くねくねして正しい姿勢を持続できない子どもさんが多いが、日頃の運動不足により、コアの筋肉ができていないため、体幹が不安定であると考えられるのではないだろうか。お稽古事や習い事はほどほどにして、とにかく、体を鍛えることがとても重要である。

受験の直前期であっても、一日三十分以上の汗かき運動は実施したい。エクササイズは必須であり、脳の活性化のためには、削ってはならない、かなり大切な時間である。

子どもに、「勉強しなさい！」なんて言ったことは過去に一度もないが、受験シーズンには、「毎日運動しよう！」と、口を酸っぱくして助言した。絶え間なく押し寄せる緊張感により、体が硬直してしまうからだ。

よって息子は、牛乳瓶の底の眼鏡を掛けたように揶揄される東大生ではなく、どう贔屓《ひいき》目《め》に見ても、多趣味で果敢なスポーツマンの青年となった。

よって、いつも泥だらけになって帰宅してきた。母親は、「まったくもう、洗濯に困るわ！」と怒るのではなく、「怪我はしていない？　大丈夫？　良かった」と無事を心配していた。

幼稚園から大学に至るまで、どのスクール時代においても、有酸素運動を継続させる。たとえ吹奏楽部のような文化系のクラブに所属していても、何らかのカタチで、必ずスポーツに関わらせることである。特に、チームプレーの団体スポーツをチョイスできれば、併せて人間関係を学べる良い機会になる。

基礎体力があれば、ラストスパートまで、**折れない心**が保証される。結果、フェアプレーの健全な精神が養われる。「健全な精神は、健全な肉体に宿る」と言われる所以《ゆえん》である。

人間力をアップさせ、人生を走り続けるために、**体をいたわる心**を養いたい。

トヨタ流の４Ｓ

トヨタでは、**「カイゼン活動の基本は、４Ｓである」**と徹底的に指導される。４Ｓは、単なる美化運動ではない。カイゼンは、決して歯を食いしばっての労働強化ではなく、いかに皆の面倒な仕事が楽になり、皆が幸せになれるかが、真の目的である。

そして、「楽から、さらに楽しく」なるように、一歩ずつ進めながら、柔らか頭になって、あの手この手の創意工夫を続ける。活動ポイントは、「なくせないか、減らせないか、ほかに方法はないか」の三つの着眼点であり、ゼロベースで進める。

ムダを徹底的に排除し、付加価値の比率を高めることである。ムダは、ウイルスと同様に変幻自在に変異していくので、カイゼンもそれを上回る速度で、深化させなければならない。

トヨタ流の４Ｓは、「整理・整頓・清掃・清潔」と定義される。

整理とは、必要な物と不必要な物を明確に定義し、不必要な物は、即刻処分すること。

整頓とは、必要な物がすぐに取り出せ、元の位置に簡単に戻せること。

清掃とは、人と設備の能力が十分発揮できるように、きれいにすること。

清潔とは、整理・整頓・清掃が維持され、習慣化されていること。

整理・整頓・清掃は作業であり、清潔は維持のしくみである。1S→2S→3S→4Sの順番に実施することが鉄則である。4Sが定着すれば、さまざまな奇抜なアイデアが創出され、可能性が一気に広がる。

トヨタ流4Sの究極の目的は、一言で言うと、**儲けること**である。4Sを、純粋な気持ちで、ひたむきに実施すると、身が引き締まる。つまり、「初心忘るべからず」を実感する。

家庭での4Sのスタートは、ファミリーが毎日お世話になる、神聖なるトイレからである。住環境のさらなるカイゼンのために、家族で家中の4Sを徹底的に実施するが、子ども部屋の維持管理は、子どもに責任をもたせる。

トヨタの現場では、職場の雰囲気を明るくするために、定期的に時間をつくって、メンバー皆で、壁面を白くペイントする。明るさは、安全・品質・生産性に、ダイレクトに寄与するからだ。

よって子ども部屋も、親子で話し合いながら、清潔感に溢れた明るく楽しい壁紙をチョイスする。すると、**やる気とモチベーションがアップ**するのだ。是非とも子どもに、快適環境のすばらしさを実感させたい。

靴をそろえる、ランドセルを壁に掛ける、本棚をカテゴリー別に整理する、服をきれいにたたむ、歯ブラシを元の位置に戻すなども当たり前の生活習慣である。徹底的に、**一目**

瞭然の定位置を意識させると、物を探すムダな時間を省ける。よって、とりあえず置く行為は、ＮＧである。

また使用頻度別に、ゴールデンゾーンを意識して、物の置き場所や置き方を工夫する。特に、勉強机の４Ｓは、重点的に行いたい。基本的に、勉強机上には、何も置かない。つまり、余分な物は見えないようにするのだ。集中力が切れてしまう原因を、すばやく取り除くことだ。必要な物は、随時引き出しから取り出し、使い終わったら、直ちに元の位置に戻す。至極当たり前の習慣のように、**整える癖**をつけさせる。

さらに、大切な物を**取り出しやすく、戻しやすい**を徹底的に追及する。ワンタッチで戻しやすくしなければ、結局散らかってしまうのだ。なお、トッププレーヤーほど、道具を丁寧に扱い大切にするのだ。

そして、**正常な状態を撮影した写真**を壁に貼っておく。つまり、トヨタの標準作業を意味するが、４Ｓが乱れたときに、異常な状態を正常な状態と比較して、すぐに元に戻せるしくみをつくるのだ。これにより、自分の快適な勉強環境を維持できる。

それが理解できれば、「片づけなさい！」などの上から目線のフレーズは不要になる。これが、**勉強の美学**である。

また、勉強ノートの２Ｓも行いたい。**分類**を習得すれば、頭の中の思考の整理につながる。
トヨタでは、分類がしっかりとできるよう、「混ぜればゴミ、分ければ資源」と指導される。よって、ゴミ箱ではなく、**資源ステーション**と呼んでいる。不必要な物を省くことで、物事の本質が、自然に現れる。「しまった！　とっておけばよかった」ということが時折あるが、科学者が失敗確率を算出したら、わずか二%であるそうだ。つまり、九八%は、大成功しているということになる。日頃から大きな成果が出ていると、肯定的に捉えればよい。

すっきりすると、精神状態も安定し、実行計画が明確になり、やるべき活動に拍車が掛かる。

ちなみに、**東大生の勉強ノート**は、見事に美しい。いまさら4Sと言われるが、今この時代だからこそ、４Ｓが最重要である。そして、気持ちに余裕ができることにより、実は人に優しくなれるのだ。

またトヨタでは、**四色ボールペン**が推奨される。色の識別により、一瞬で物事を判別できる利点があり、社員の必須の持ち物である。ビジネス手帳や書類などにおける棚卸しに重宝し、著者もトヨタに入社以来、何十年と愛用している。

トヨタのロゴが入っており、毎日使用するたびに、愛社精神を感じるのだ。子どもの勉強にも、思考の整理のためにも、是非四色ボールペンを有効活用したい。

トヨタでは、各職場において、**「家族見学会」**が定期的に開催される。家族を職場にお招きする。「私の親は、毎日こんなに汚い職場で働いているの？」と思われないためであり、日々の４Ｓ活動に張り合いが出て拍車が掛かる。親が、やりがいを抱きながら、一生懸命にひたむきに働く姿を見せることができる。そして、家族の仕事への理解が深まる。

子どもに両親への感謝の念を抱かせるのは、教育上大切なことである。思い出写真に収めて飾れば、家族の絆が、さらに強くなる。

また、帰宅するときには、たとえ会社でつらいことがあっても、家族モードに切り替えて、努めて明るい笑顔で、ニコニコして玄関に入ることを意識しなければならない。

家族旅行として、**神社やお寺の、歴史を重ねた宿坊**を定期的に選んだ。高野山や熊野古道の山寺の宿坊に宿泊すると、精神がすっきりして、とても清々しい気持ちになる。手入れの行き届いた天下一品の日本庭園を、縁側に座して眺めることもできる。

毎日、修行僧によって丹念に水拭きされた廊下の美しさには、目を見張るものがある。テレビなどのあらゆる音源もない、ムダが省かれた清潔かつ静寂の世界は、実社会ではほとんど存在しない究極の**無の空間**である。松尾芭蕉の奥の細道の、「岩にしみ入る」の世界観を感じる。

夜明けの座禅体験により、心と呼吸を整えて、リラックスして自分と向き合う。また、高僧からの有り難い説法を拝聴すると、身に染みるものがある。

第三者のマクロ視点で、固定観念にとらわれることなく、自身の子育てを見つめ直す良い機会となるはずである。つまり、幽体離脱をしたような、岡目八目の感覚である。

また、**質素な精進料理**を食し、日本の極上の美食文化も堪能できる。そして子どもと、**写経体験**などにも挑戦しよう。

近年宿坊は、精神修行やパワースポットの場として、外国人にも人気がある。そのなかでも特に、富裕層の家族が、多数訪れているそうだ。

小学校高学年になったら、家族旅行のスケジュールを立案する役割を与えるのもグッドである。

インターネット情報や旅行雑誌や知人からの口コミを基に、観光や宿泊先や公共交通機関やグルメの選定・予約・時間管理・予算管理・特産品のお土産のチョイスなど、あれこれと有益な雑学の習得になるのだ。

ちなみにトヨタの福利厚生委員は、職場の旅行や懇親会の計画を、朝礼や昼礼の折に、メンバーに発表する機会を設ける。

それに倣って、家族旅行のスケジュールを、家族の前で子どもにプレゼンテーションしてもらい、内容を議論しながら、すてきな旅となるように、さらにブラッシュアップしていく。

トヨタ流の躾

トヨタ流の躾とは、**「皆で決めたルールを、正しく守る習慣づけ」**のことである。いわゆる5Sである。決して、主人からポチへの、お手・おかわり的な上から目線ではない。躾は、4Sに1Sを付け加えたようなイメージがあるが、継続できるか否かの、4Sのバックボーンとして、実はいちばん大切なSである。

就寝前の子どもに、「歯を磨きなさい！」と言うと、しぶしぶ面倒くさそうに歯を磨く。次の日は、勝手に寝ている。子どもを歯医者に連れていき、「歯を磨かないと、あのおじさんみたいになってしまうよ」とキーン音を聞かせると、びっくりして、その日の夜から必死になって歯を磨いている。

「これをやるとどんないいことがあるのか、やらないとどんなことになってしまうのか」を身をもって体験させると、道理を納得後に自発的に継続してできるようになる。**「理解」**だけではなく、**「体験」**させて、なるほどと**「納得」**させる三つのステップが大切である。これが、躾の基本である。

躾ができていれば、**「継続」**して、自然にできる**「習慣」**となる。習慣とは、無意識に自然体でできてしまう状態を言う。**良い習慣の定着が、子どもの未来を創る**のだ。

一度で終わってしまい、継続ができないのは、バックボーンである躾が抜けているからだ。躾と押しつけは、たった一文字違いだが、その違いはとてつもなく大きい。

大人のパワーや権力をふりかざして、子どもをコントロールしてはならない。物事の強制は、決して長続きはしないし、子どもの成長の阻害要因となる。その内に下から目線で親の顔色をうかがうようになり、親子関係がぎくしゃくしてしまう。正に、責任逃れである。

子どもが帰宅して、何となくテレビをつけたり、無意識にゲームを始めたりする。惰性の日常行為である。後回しにしてしまった宿題を、さていつからやろうかと迷う。迷うから、いつまでたっても、だらだらして始めない。

本来人間には、現状を保とうとする現状維持バイアスにより、ややこしいことを先延ばしにしてしまう心理作用がある。結局時間切れとなり、その場しのぎのやっつけ仕事により、熟考することなく、場当たり的に適当に終わらせてしまう。

そこで帰宅時、クールダウンの方策として、玄関で白檀のお香を焚く。部屋中にアロマテラピーの爽やかな芳香がほのかに漂い、精神状態が安定する。

あらかじめ、おいしいジュースを用意しておく。親の責任としての重要ポイントは、リビングルームと食卓テーブルが、きれいに片づけられていることが大前提である。４Ｓは、すべての始まりであり、基本中の基本である重要性を教える。

その自然な流れで、自発的に勉強を始める。

つまり、**勉強をスタートしてしまうしくみをつくる**ことだ。習慣化ができれば、何事も迷わず、至極当然のルーティンができてしまう。

決めたことをきちっと守る習慣をつける。そして、「自発的に、しっかりとできたね！」とギュッと優しくハグして、褒めてあげるのを忘れないことだ。愛情ホルモンが分泌されて、さらに愛おしくなる。これが、**トヨタ流「躾」の極意**である。

集中力が切れたと感じたら、気合を入れる意味で、背筋がピンと伸びる鉢巻きやたすき掛けなどの工夫をしてみるのも、メリハリがついておもしろい。

昨今、電車の中で、スマホのゲームに取り憑かれたように興じる子どもを見かける。目的意識をもっていればいいのだが、彼等の行く末が案じられてならない。

なぜ、そこまで依存してしまうのか、警鐘を鳴らしたい。おそらく親が、人生のラーニングセンターであるアウトドアを満喫させ、大自然のすばらしさや楽しさや命の輝きを現地現物で教えていないからではないかと考える。目的のある習慣と単なる依存とでは、雲泥の差が出てしまう。

子どもの貴重な時間は二度と戻って来ないので、「やっておけばよかった！」と、あとの祭りにならないように、刹那のときを過ごしたい。

子育てのプロフェッショナルになる前に、子育てははかなくも終わりを迎えるものだ。後悔をしないように、有益な体験による新たな発見と感動に満ち溢れている大自然のすばらしさを教えよう。

3GIVE&TAKEに関して

トヨタでは、**「いつも謙虚に学んで、3GIVE&TAKE」**と言われる。三つ与えて一ついただければいいのではないかという**献上の精神**である。感謝の意味で、「三倍返しだ！」である。必ず、近い将来にＴＡＫＥできる。すぐに見返りを求めない。決して、焦ってはいけない。

例えば営業の世界で、顧客から一つの成約さえない場合は、何もお与えしていない何よりの証拠であると解釈する。顧客から学ばせていただいた三つを感謝すると、顧客から一つのご褒美をいただける。

ＷＩＮ＆ＷＩＮの強固なパートナーシップを構築できる。ＴＡＫＥばかりしてしまうと、いつかは見放されてしまうことになる。自己中心的なエゴの思想は、現代社会では通用しない。

そこで子どもには、自分がいちばんではなく、世のため・人のために私利私欲を捨てる**利他の精神**を教えたい。ともに生きる仲間と助け合わなければ、決して一人では生きられないことを理解させ、献身的に生きられるかどうかを伝える。使命感を抱き、**与える人**になれば、伸び伸びと育っていく。

感謝の言葉は「有り難う！」であるが、有ることが難しいという意味である。つまり、何気ない日常が尊いのであって、今この瞬間、当たり前の何事に対しても**心から感謝**をしなければならないことを、子どもに伝える。

電気・水道・ガスの生活インフラの供給網が、縦横無尽に整備されている。バスや電車が、いつもどおりに定刻に到着する。学校では、定刻に授業が始まり、十二時には、栄養バランスに優れた給食が配給される。

スーパーマーケットに行けば、世界各国からのありとあらゆる食材を調達できる。帰宅すると、家族から笑顔で迎えられ、すでに温かいお風呂が沸いている。おいしい食事も用意されているし、掃除洗濯が施され、部屋がきれいに整えられている。

贅沢を言わなければ、不足な物は何もなく、すべてが満たされている。世界中のどこの誰だか知らないけれど、それぞれが頑張って社会構造を支えてくれているおかげで、日常の当たり前が成立しているのだ。

人類が営々と創り上げた、バランスのとれた**奇跡のシステム**なのだ。実は、計りしれない恩恵を受けている。日本中、便利だらけであり、こんなに恵まれた環境は、ほかには存在しないことを伝える。

一方、近年国内では、未曽有の甚大災害が頻発し、多くの方が被災されている。またコロナショックで、世界中の人々がもがき苦しんでいる現状があり、とても心が痛む。
何不自由のない生活を支えてくれる**エッセンシャルの尊さ**を改めて実感することになった。「有り難う!」の言葉を噛み締めて連発したい。**感謝、感謝、そして感謝**である。
心を込めて感謝の念を抱くことは、子どもの幸福感度を上げて、人生を充実させる秘訣である。

街なかのエレベーターに乗る際には、必ずボタン操作側に立ち、後続の方に「どちらの階でお降りでしょうか?」「どうぞお先に」と、親が率先して場を仕切り、**人への気配り**を教える。親が献血をした折には、そのシステムや会場の様子を話して、社会貢献の重要性を伝える。

また子どもには、大切な人に手紙を送る・贈りものをすることについて、相手のことを想像したうえで、親子の共同作業で徹底的に考え続けさせる。

祖父母の敬老の日のお祝いとか友達の誕生日に、何を贈ると心底喜んでもらえるのか、心に残る贈りものをとことん議論する。高価なプレゼントなどは、まずもって必要ない。すると、感性が磨かれる。もちろん、本人のコツコツ貯めた預金から拠出させる。

手紙は、パソコンではなく、面倒でも自筆で書く癖をつけさせる。習い事のなかでも、人生が豊かになる書道は有効である。

パソコンの多用は、頭脳を退化させると考える。頭の中の思考を整理し、手紙に簡潔にアウトプットすれば、国語力が鍛えられる。書いたあと、文章を添削してあげよう。そして、ギュッと優しくハグして褒める。それをひたすら繰り返すと、さらに愛おしくなる。結果、思いやりの心をもった愛情たっぷりのとびきり心根の優しいユニークな子どもに育った。

健康管理の大切さ

トヨタでは、**「健康管理教育」**を定期的に受講しなければならない。そして有り難いことに、会社が健康状況をフォローしてくれる。戦うサラリーマンは、何といっても丈夫な体が資本である。セルフケアによって、生き抜くために必要な免疫力を極限まで高めたい。

そこで、子どもの健康維持のためには、まず**食育**がとても重要である。妻は、「子どもの細胞は、私がつくる！」と豪語している。中学・高校のお弁当は、冷凍食品・レトルト・スーパーやコンビニのお惣菜は、いっさい使わず、すべて母親の手作りだった。

そして子どもの食べ残しをそのまま放置しないで、なぜ残したのかを丁寧に考えて、苦手食材の調理方法を変えるなどの創意工夫に取り組んでいた。食欲は**健康のバロメータ**である。

アニメキャラクターなどを活用した、いわゆるキャラ弁も、有効な一手段である。お昼時、親子が離れていても、リモートで愛情がつながる瞬間である。その結果、好き嫌いがまったくなく、栄養バランスに優れた健康体の人間になった。

安心安全な食材の出所をしっかりと調査し、自宅で調理することを基本にしたい。特に、農薬や食品添加物の有無などには、気を遣いたい。

砂糖を多く使用しているスイーツなどは、おいしいけれども、極力避けたいものだ。そのためには、親がドライフルーツ・干し柿・干し芋・天津甘栗などの自然食品を好んで食していれば、子どもも抵抗なく好きになる。

そして、**春夏秋冬の旬の料理**を賞味し、日本の四季折々を存分に楽しみたい。春であれば、山菜料理や竹の子ご飯など、秋であれば、サンマの塩焼きや栗ご飯などがおいしい。

食材に関して話題を広げながら、季節を感じさせる楽しい会話をする。感性を刺激するワードとして、「痺れる辛さ、フルーティーな味わい、とろける食感、春を感じさせるほろ苦さ、風味豊か、ほのかな香り」などの味覚表現を巧みに使って、きれいなボキャブラリーを増やしたい。

止むを得ずスーパーのお惣菜を食する場合には、そのままトレーを食卓に出すのではなく、手間がかかっても相応の器に移し替えて、視覚でも楽しみたい。生命力を高める食育を、疎かにしてはならない。

また、快適な一日を過ごすために、朝食は、特に大事であると思う。潤沢な資金はないので、高価な食材はとても買えなかったが、家族で厳選して調達したこだわりの食材は、三ツ星レストランよりもおいしい。

味噌であれ、ジャムであれ、ぬか漬けであれ、自家製は、市販品よりもはるかにおいしい。愛情たっぷりなことは言うまでもないが、余分な化学物質が入っていないからだ。

特に、納豆やたくあんや米麹を使った甘酒などの植物性の**発酵食品の摂取**を意識したい。安心な食材を選び、米を主食とし、旬を活かした食事が一番自然である。結果子どもは、健康で体に良い食材を吟味できる、優れた味覚の持ち主となった。

成人してからの努力では、味覚力は上がらないと思う。こだわりの食材は少々割高ではあるが、健康面を考慮すると、医療費などで、結局大きな得をすることになる。免疫力を高める食育は、ベストの投資先であり、投資対効果が十分に期待できる。

なお、トヨタのジャストインタイム思想に基づくと、食品のまとめ買いは、ご法度である。

必要なときに必要最小限の新鮮な食材の調達を心掛けて、「安物買いの銭失い」にならないようにしたい。食品ロスも防ぐことができ、SDGs（持続可能な開発目標）にも寄与できる。

ちなみにハイソサエティーの人たちは、食に対する意識の高い方が極めて多いが、食育を体得できていれば、将来の人脈形成に大いに役立つのだ。また食生活は、親子で伝染する。親の偏食・肥満は、子どもの偏食・肥満にダイレクトにつながる。つまり、「親も親なら子も子」は避けたい。

栄養素のバランスを考慮したい。一例を挙げると、戦後アメリカの日本人に向けた食料政策により、急に摂取することになった牛乳はそもそもいらない。牛乳は、子牛への栄養素の飲みものであり、親牛は牛乳を飲まない。古来の日本人が食してきた、近海で獲れる小魚や海藻で、カルシウムを十分摂取できる。

つまり、食育の判断基準は、**自然か不自然か**である。人間の体の根本は、一万年前から進化していないそうだ。

また、しっかりと食物を噛むことも意識したい。噛むことで消化を助け、限りある体内酵素の浪費を避けたい。メトロノームを使って、リズミカルに咀嚼《そしゃく》回数をカウントしたときもある。

そして、親の責任として、しっかりと**眠育**にも取り組みたい。睡眠は、五感で感じた有益な刺激を、記憶として情報整理するための大切な時間なのだ。

その手段としては、親子ともども規則正しい**生活のリズムを創る**ことである。睡眠不足が蓄積すると、睡眠負債に陥る。たとえ試験の直前期であっても、睡眠時間をしっかりと確保させたい。

「もう遅いから、早く寝なさいよ！」の命令口調は、あり得ない。就寝時間前には、あらゆる音をシャットアウトして、睡眠環境を整えてあげたい。脳の興奮を極力抑えて、睡眠モードに切り替えよう。

一日の終わりに、心を静かにフェイドアウトさせる。成長ホルモンの分泌に、大きな影響を与える。早く起きるために早く寝るのではなく、早く起きれば早く寝られるものだ。「早起きは三文の徳」である。土日を例外にしないで、毎日の**リフレッシュの好循環**をつくりたい。

いつも天日干しの心地よいふかふかの布団で、良質な綿百％の寝具を与えて、質の高い睡眠をとらせたい。気持ちよく目覚めた冴えた頭脳からは、ひらめきが生まれる。ストレスでどうしても高ぶる気持ちが落ち着かない夜などは、照明をいつもより暗くして、アロマキャンドルを試してみるのも、グッドだと思う。

また、母親はヒーリングミュージックをかけ、ハンドマッサージを行っていた。目をつむる子どもに、**「今日、いちばん楽しかったことは？」**と優しく語り掛け、回想させていた。

右脳を使うイメージ力のトレーニングができる。

心底安心し、幸せそうに、深い眠りに落ちていくのを確認した。さらに母親は脳の発達に向けて、優しく語りかけるように子守唄を歌っていた。寝る子は育つ。

朝目覚めたら、東側の窓を全開放して、新鮮な空気と太陽を、思い切り浴びさせたい。著者は科学者でないので、理論は分からないが、**自然の摂理**に従えば、きっとうまくいく。

お陰さまで、これまで子どもはほとんど体調を崩すことなく、日々を健康に過ごしている。また、心の健康も重要である。心身ともに、である。

子どもなりに、いろいろな悩みをもち、フラストレーションを抱えながら、必死に生きている。親のスタンスとして、最後のセーフティーネットの役割が大切である。

いつも温かい安心な家庭は、**心の拠りどころ**である。いかなる外圧があっても、子どもを死守する防波堤が存在するのを認識させることだ。

また、いつでも子どもの悩みを傾聴し、目線を下げて真正面から向き合う温かい家庭の風土があるのか。しっかりと、膝をついて、しゃがんでいるだろうか。子どもの話を、途中で遮っていないだろうか。

「だってさー」「〇〇だから」などの言い訳が出てきたら、子どもの気持ちに寄り添っていない証拠であると認識しよう。

子どもの応援団として、**心の基地**を設営し、**最後の砦**を構築しているのかを自問自答しなければならない。

トヨタでは、誰からも共感されやすい**「ひらがな言葉で！」**と指導される。ゆえに、「きっと、よくなるよ」「ずっと、そばにいるよ」と、ひらがなの威力で、優しく包み込む。

心身を解放できる安全安心の居場所をしっかりと確保してあげることを意識する。

何事に対しても果敢に挑戦できる、心の源泉となる。

実は、**長い時間を、親子でともに過ごすこと**が、尊いのだ。親子で、ともに喜び、ともに悲しみ、時には熱くなる喜怒哀楽の通じ合いを実感しながら、肩寄せ合って、子どもにぴったりと寄り添うことが大切である。

また、忘れた頃に**母子手帳とへその緒**を、子どもに触れさせよう。親子の切っても切れない、強固な絆やつながりを、現物で実感させると良い。

子どもには、「将来自立して、この家を出ることになっても、貴方の部屋はそのままにしておくから、いつでも帰っておいで！」と、何度も何度も伝えてある。

子どもを心底信じるサポーターとして、ずっと陰で支え続ける。なぜなら子育ては、親に与えられた重要な使命であるから。

家族写真について

トヨタの会社のデスク上には、**「家族のスナップ写真」**が飾られている。トヨタの海外の工場では、さらに顕著である。仲間の意外な一面を垣間見ることで、その人の人となりや価値観のバックグラウンドを感じることができる。

また、職場のホワイトボードには、さまざまな職場行事の手のひらを見せた笑顔の集合写真が貼られている。笑顔と手のひらが、明るい職場づくりの成否の鍵になるのだ。

写真を眺めていると、自分は一人じゃなく、職場の仲間に支えられて存在していることを実感できる。トヨタ自動車社長が、「この指とまれ！」とお茶目なフレーズを発しているが、正に**ワンチーム**の大切さを感じる。

そこで、著者の家では、家族のたくさんの思い出写真を、フォトフレームに入れて飾ることにした。リビングルームにはもちろん、ダイニングルームからトイレに至るまでである。離れて暮らす祖父母の笑顔の写真も飾り、思いを巡らせたい。

またプリクラの写真を、スマートフォンをはじめ、文房具などの身近な物に貼ってみるのも、グッドであると考える。家族の楽しい笑顔が溢れている。大切な思い出は、エモーションを共有するための手段となり、ファミリーが飛躍するための**活動エネルギーの源**となる。

またトヨタでは、**「遊・友・誘ネットワーク」**なるコミュニティが存在する。狙いは、社員を孤立させない温かい居場所づくりである。つまり、組織を一つにまとめるための、横串の機能の役割を果たす。

居場所ができると、実はルンルン気分になれるのだ。会社に、二つ目の家族が創出されるイメージである。会社の就業時間内だけでなく、アフターファイブにおいても、**個の存在感をクローズアップ**し、認知してあげることが目的である。

伝言板・趣味・サークル・ふれあいニュース・故郷自慢コーナーの小部屋をつくる。このしくみを通して、コミュニケーションを深め、仲間づくりを加速させる。

社員を決して孤立させることなく、社員のネットワークの「絆」をさらに広げるための、労働施策そのものである。笑顔の職場風土が醸成されること、間違いなし。

また、子どもが制作した造形品や絵画をリビングルームに飾ることも、良い。そして定期的に振り返り、いろいろな切り口から、改めて作品を褒めてあげる。併せて、ゾーン集中で作業中の姿を記録しておく。

子どもは、自分が家族の一員であるという存在価値を、自ら認識することになる。加速度的な**成長の軌跡**を実感でき、親も癒される。この世で子どもの成長ほどうれしいことはほかになく、生きがいを感じ、**子育ての励み**になる。

乳歯が抜けたときには、「ちょっと気持ち悪いかもしれないけれど、すぐに新しい歯が生えてくるから、心配ないよ。少し大人に近づいた証だね。おめでとう！」と言おう。そして、乳歯の写真を記録に残しておく。

さまざまな成長の軌跡を、**手作りアルバム**にして、思い出をアーカイブしてあげよう。もちろん、親子の共同制作が基本である。

また心安らぐ暖色系の照明のもとで、観葉植物や生花により、心地の良いリビングのグリーン環境をつくりたい。親子で、植物に触れて、優しく声を掛けながら、一緒に水やりをしよう。不思議と元気に育つものだ。植物の健気な成長が、精神の癒しとなる。結果、自然や動植物を愛する、とびきり心優しいユニークなナチュラリストに育った。

ご先祖供養の大切さ

トヨタでは、唯一**交通事故ゼロ**だけを祈願するために、蓼科山聖光寺、通称トヨタ神社が長野県の蓼科に建立されている。オールトヨタグループのメーカー&販売店&仕入先の代表社員により、「交通安全祈願大法要」として、参拝行事が毎年実施される。

併せて、**ゼロへの挑戦**として、「タテシナ会議」が開催される。世界の自動車メーカーのなかでは、トヨタグループだけの取り組みであると思う。近年、同業他社の代表も参列されるようになった。

トヨタの各職場単位でも、安全祈願として、工場敷地内に祀られた神社参りを定期的に行う。職場の士気を高め、いかなるときにも平常心を保ち、感謝の気持ちを忘れないための参拝行事である。不安定となる精神をリセットする、仕切り直しの儀式である。

家庭においては、子どもと一緒に、近くの氏神さまの神社に欠かさず参拝する。家の仏壇の前では、家族で一緒に正座し、手を合わせて、お経を唱える。母親が率先すると、スムーズに進行する。いつも「幸せね」と感謝の言葉を発していたが、子どもは何気ない日常の尊さを学ぶ。

また、実家の祖父母とともに、盆暮れのお墓参りにも行っている。ご先祖さまの供養の意味と大切さを教える。子どもの生後一ヵ月のお宮参りの際、抱いた孫を見つめる祖母の愛おしげなまなざしは、いまだに忘れられない。こんな幸福な顔をするのかと、感心した。神仏のもとで、子どもの健やかな成長を願う家族の思いが一つになれば、三世代がまとまる。**この世に生かされている**ことを実感する。

ちなみに窓際の著者は、年始の伊勢神宮参拝を恒例としている。全国からの参拝者たちは、鎮守の森に囲まれた玉砂利が敷き詰められた参道を、どこか懐かしさと心地よさを感じながら、無心無言で本殿へと進んで行く。精神レベルの高い方々に囲まれて、清々しい。年初から、祓い清められて、厳粛な気持ちとなり、日本人として、身も心も引き締まる。子どもには、「参拝は、受験合格などのお願い事ではなく、無事の感謝と自身の決意表明をするように！」と、再三にわたり伝えている。

正しい参拝のやり方は、①**感謝**②**決意表明**③**無事**を祈願することである。「人事を尽くして天命を待つ！」いつもお天道さまが観ておられる意識をもつことである。

自分を誤魔化せないし、陰日向があってはいけないのだ。規律正しい人間になれる。

物事が成就したら、必ず**お礼参り**も欠かさない。何事に対しても謙虚になり、感謝の心を忘れてはいけない。

謙虚な姿勢を貫けば、**素直な人間**になれる。素直になれれば、いろいろなことを海綿のように吸収しやすい。結果、バランス感覚に優れ、成長のスピードが極めて速くなる。

親の参拝時の受験祈願は、志望校合格ではなく、「子どもが体調を崩すことなく、百%近くの実力を発揮できますように」である。「努力をした分だけを認めていただけましたら」という気持ちで十分である。

思いの丈を込める手紙

トヨタの現場では、**「申し送りノート」**が存在する。主に、昼勤と夜勤の申し送りの情報伝達や意見交換用の共有のコミュニケーションツールとして活用されている。超アナログの交換日記のようなものだ。

一方、パソコンのメールやＬＩＮＥは、何とも味気がなく、心に響かない。この時代にいかにもそぐわない原始的な方法ではあるが、通信教育の赤色の添削指導のように、お互いの熱意が直接伝わり、臨場感が味わえる。

そこで著者は、フルマラソンである人生の節目節目に、**子どもに手紙を書く**ことにした。差出人は、「凡人の父より」である。特に、旅立ちのタイミングを選んだ。

メールやＬＩＮＥでは、一斉送信っぽくて、真意が伝わらないことがある。その点、心に響く手紙は、マンツーマンなので、本心がダイレクトに伝わる。**「伝える」と「伝わる」の違い**を意識しておく。

子どもに、厳しい世界の荒波を乗り越えねばならないとき、道に迷った際の羅針盤として、活用してもらいたいとの願いからである。手紙は、人生でいったん立ち止まり、身に降りかかることを冷静に思案する、良い機会となる。

手紙の一文に、「**辛い**を**十回**繰り返すと、**幸せ（十＋辛）**になれるよ！」と記述した。

少し照れながら手紙を読み終わったあとの子どもの表情が激変する。万感の思いが、確実に心に刻まれるのだ。

褒めニケーションである、「怒る：叱る：褒める＝０：２：８」の黄金比の割合から若干変えて、**「親の思い：叱る：褒める＝４：１：５」**の比率で手紙をまとめる。すなわち、「４１５：良い子」の法則である。

手紙のなかで、貴殿には勝ち組になってほしいとの親の思いを伝えた。勝ち組とは、学歴・会社名・役職・年収・資産のことではない。そんな世界は、もはや終焉した。

規則正しい道を正々堂々と歩み、困っている人に思いやりの心をもって接し、いつも明るい笑顔を絶やさずに、ポジティブな思考で、たくさんの試練を、仲間とともに乗り越えられる人間が、**真の勝ち組**なのである。

そして万人から愛され、心からリスペクトされるパーソンが、アメリカンドリームならぬ、真のドリーム達成者と考える。

親は、決して子どもへの期待と成果を求めてはならない。一人の生身の人間に対して、絶対に押しつけはいけない。子どもには子どもの世界があるし、親の所有物でも操り人形でもないのだ。「目標に向かって、一生懸命に全力で取り組む姿勢が大好きだよ！」である。

親の思いの伝達手段として、命名は、極めて重要である。子どもが物心ついた時期に、命名のプロセスや親の思いを伝え、また手紙にも記述する。

すると、自分の名前をサインするたびに、**天から与えられたミッション**であると認識して、名前に込められた思いを自分なりに感じるだろう。そして、命名式で使った命名書に両親の名前を書道で添え、子ども部屋に額縁に入れて飾っておくことも、親子の絆を実感できて良いだろう。

著者は、手紙は父親の遺書の代わりになったと認識している。子どもには、有意義な人生を照らすバイブルとして常備してほしいと考えた。

よって著者が、この世を突然去ることになったとしても、**親の思いや生き方の指南**は伝えてあるので、何も心残りはない。子どもの成長とともに、親も成長しなければならない。

そして父親から子どもにリレー方式で、「二十年後の君に贈る言葉」と題して、夢を語る手紙を書かせ、タイムカプセルに保存する。近未来の自分への決意表明を明確にする意味があり、とても興味深い。

なお、家業の跡継ぎや子どもの進路など、強制の押しつけは、本人を迷わせるばかりでなく、精神的にかなりの重荷となってしまうため、絶対に避けたい。多少の誘導はあるかもしれないが、基本的には子どもが決める**人生の決断**である。親が決めた進路を選択してしまったと、あとになって後悔させたくない。

何事も自分で決断できるスキルを身につければ、決して指示待ち人間になることはなく、将来は、万人から頼られる逸材として、人を動かす影響力を有したリーダーシップをメキメキ発揮できると考える。

献身的な人助け

トヨタの現場のスローガンで、「ONE FOR ALL ALL FOR ONE!」のラグビー用語がよく引用される。なぜならトヨタは、社会人ラグビー部を抱えているからだ。

「一人は皆のために、皆は一人のために！」と、メンバーを馴れ合いではなく、心底リスペクトしたうえで、チームワークと調和、すなわち**ワンチームの大切さ**を教える。よって子どもには、人は決して一人では生きられないこと、ともに生きる仲間への感謝と支え合いの必要性を伝える。

身の回りには、弱った人・病んでいる人・困っている人がたくさん存在する。悩んでいる人に優しく手を差し伸べられ、**幸せを量産**できる、心穏やかなパーソンになってほしい。見返りを求めることなく、分け隔てなく人に接し、**無条件に与える喜び**を実感させる。人から感謝をされると、自己肯定感により、やる気とモチベーションが増大する。

公共交通機関では、お年寄り、体の不自由な方、妊婦さんなどに席を譲るのは、当たり前の思いやりの行為である。

友達が悩んでいたら、傍らに寄り添って、目を観て相槌を打って、我がことのごとく真剣に話を聞いて、サポートしてあげる。国語力を体得できていれば、**人の痛み**を理解できる。

寺子屋のごとく、勉強を積極的に懇切丁寧に教えて、友達を勇気づけ、安心させてあげる。

ティーチング力とコーチング力の獲得とともに、自分の理解度と力量を、さらに高められるはずだ。

自身のノートを、惜しげなくどんどん貸してあげよう。すると、今まで以上に２Ｓを行い、きれいなノートづくりを意識するようになる。この継続が、**発信力の源泉**となる。

自分の得意なスキルを全開放し、惜しげなく公開し続け、周りの人に貢献できれば、不思議なことに、天から大きなチャンスやご褒美を得られるものだ。

友達が入院をしたら、仲間とお見舞いに行き、千羽鶴とお手紙を渡して、温かく励ます。

また、**友達の良いところを見つけ出す訓練**をすると良い。親が、友人の長所をヒヤリングしアシストをすることだ。

例えば、十項目の長所を声に出して認識すると、友達を今まで以上に好きになる。そして、良いところを見習うと、いじめっ子さえ好きになるのだ。得手不得手からの減点主義ではなく、いかに良いところを伸ばすかの加点主義である。友人に対しても、トヨタの褒めニケーションを意識する。

まさか親が、「あの子と遊んではダメよ。この子と一緒にいなさい！」などと、友達を選別するような、子どもの**神聖なる領域を侵犯**していないだろうか。

切磋琢磨する友人をさらに好きになり、肯定し続けると、もっと知りたいと興味が湧いてくるし、逆に友人から認められて、好意をもたれる。皆から引っ張りだこの人気者になり、心を許せる**真の友達**が、自然に増えていく。皆の輪のなかで、**なくてはならない魅力の存在**になれる。

親子一緒に、友達の頑張りや成功を盛大に祝福し、**友達の幸せをお祈り**しよう。

また、祖父母が体調を崩す。必ず近くで、寄り添わなければならない。いつかは最期を迎える衰弱した祖父母を看取ることになる。目を逸らさないで、死と向き合わせる。死生観をもつことができる。

親族はもちろんのこと、お世話になった知人の葬儀にも、極力参列し、弔辞に耳を傾けて、命の尊さや故人をしのぶ優しい心を醸成したい。

例えば、大切に飼育していたペットが死んでしまったら、庭にお墓をつくり、純白の布に包んで埋葬し、手を合わせてお祈りしてあげよう。

すると、自分ではどうにもならないという非力を実感して、皆で協力して生きていかなければならないと考えるだろう。大切な**人生勉強**であり、人間力もブラッシュアップされる。

献身的な人助けができる寛容な人物は、人を惹きつけて、思いやりの心のある**真の強いリーダー**になれる。

卓越した人格を有し、余人をもって代え難いパーソンは、勲章や肩書や財産がなくても、万人から慕われて、未来永劫、名声が語り継がれる。学歴だけの東大止まりでは、まったく意味がない。

おわりに

慈しみの子育てに関しては、家族の心が一つにまとまる、かけがえのない**親のライフワーク**と考える。

また、子育てで体得した経験値が、**会社の後進の人材育成**においても、必ず活きてくる。

子育てができないようでは、いい仕事もできないし、尊敬される社会人にはなれない。

一度しかないはかない人生の集大成として、「後世に、何を残すことができるのか！」である。

冴えない窓際族の著者が、骨の髄まで染み込んだ**トヨタ式の原理原則**に従って、あの手この手の創意工夫の試行錯誤の子育てに愚直に取り組み、日本の最高学歴である東京大学の合格を勝ち取った。併せて、最難関の国家資格である公認会計士を、狙いどおりに射止めた。

正に、ＡＩには不可能な**行間を読み解く国語力の体得**が、子どもの地頭力アップの原動力になったと確信する。

そして先述した、お金をかけない、実はたったこれだけの、**一歩一歩の地道な成功体験**

の積み重ねによる誰からも愛される人間力アップのアドバンテージが功を奏して、ビクトリーロードへと拍車を掛けた。

ゴールに向けたショートカットは、ないのだ。そして、人生の**新たな景色を目撃**することになった。

卓越した賢い頭脳を獲得し、降りかかる難題を目にも留まらぬ早業でテキパキとこなす子どもの**問題解決能力**を目の当たりにして、いまさらながら驚愕している。彼は、本当にアホの息子なのか？

時間を浪費しないで、人の何倍も時間短縮ができていると、改めて実感した。今となって判明したことは、子どもの寿命を相当延ばしたことにほかならない。会社では、「労働時間の短縮だ！」と急かされるが、すでにかなりの時短を達成している。

「人に与えられた時間は、平等である」と言われるが、それはナンセンスである。獲得した能力によって、与えられる時間は、いかようにも伸長する。

また、「鳶が鷹を生む」という諺があるが、子育てには当てはまらない。子どもは、純白な状態で誕生する。子どもが誕生した時点では、「鳶も鷹も、鳶しか生まない！」と考えたほうがいいと思う。

天から授かった稀有な天才以外は、誰しも「ドングリの背比べ」である。ＤＮＡの差は、ほとんどないと考える。なぜなら、人間はほとんど同じ遺伝子情報を有して生まれてくるからだ。

　しかし、子どもは想像を絶する底知れぬ潜在能力を有している。真正面からフェイスツーフェイスで真摯に向き合い、丹精込めて原石を磨き続けることにより、稀有に光り輝くダイヤモンドになる。

　子育てプロジェクトに生涯を懸けて、一丁目一番地のライフワークとして取り組めば、子どもの**地頭力と人間力アップ**を図れるという根拠のない自信による**自己肯定感**をもって、ドンと構える。

　子どもを過小評価せず、親の先入観と価値観はいっさい捨てることだ。親が勝手にセットしてしまう**リミッターを**、**解除**しなければならない。

　そして、**隠された扉をオープン**させ、大輪の花を咲かせよう！

　生かすも殺すも、子どもに関わる**親の決意と覚悟**の大きさ次第で子どもの未来が決まる。神さまから万人に与えられた平等のチャンスを、確実にものにしたい。

　子どもの輝かしい未来像を描くことは、親に与えられた**重大なミッション**である。生半可な気持ちではなく、この**天命を全う**することが、家族の幸福につながると考える。

　この世を生き抜いた足跡として、優れた芸術作品を、次世代に残さなければならない。よって、学校の先生や教育の専門家に、子育てにおける本質の部分を、丸投げの責任放棄はいけない。プロにお任せしていいのは、効率アップをするための、テクニック論だけである。

子どもは、親の行動をつぶさに観察している。そこには、親しかいないからだ。ゆえに、**親の生きざま**を見せつけたい。

最後は、「やって良かった！」と、家族が一つになる瞬間に立ち会える。

潤沢な資金はまったくなかったが、限られた環境のなかで、ひとしきり子育てに取り組んだ。

振り返れば、**子どもを育てたつもりが、子どもに育ててもらった**ことを実感している。

実は、子育てこそ、人生に与えられた**過酷な修行**なのだ。

そして子育てプロジェクトは、人生のなかで、生きがいを感じることができたいちばん美しいすてきな物語であった。二度と戻ってこないほんのひと時のはかない期間であるが、人生が凝縮された壮大なドラマであると思う。

加速度的に秀才に成長し、社会で活躍し続ける我が子の子育てを振り返ったときに、その刹那の日々の尊さを改めて実感した。親の人生に何を投じるのかは、「火を見るよりも明らか」である。

渾身の子育てに一段落した今、世のため・人のためになれる社会貢献に向かって羽ばたく息子の、さらなる成長を、この目でしかと、観続けたくなってきた。

人生で初めて、心の底から**「長生きしたい！」という意欲**が湧いてきた。

なお、本書籍の執筆にあたり、幻冬舎ルネッサンス新社の立澤亜紀子様と中村朝子様と梅﨑柚香様及び文章を推敲してくださった校正者の方には、多大なるご支援を賜りました。ここに、心よりお礼を申し上げます。

そして、これまで尊い時間をともに過ごし、窓際の著者を成長させてくれた家族に、溢れる思いで感謝を伝えたい。お陰さまで、心豊かに奥深く人生を過ごすことができている。有り難う！

最後に、**トヨタ式に心より敬意を表したい。**

著者紹介

叶周作（かのう しゅうさく）

たとえ生まれ変わったとしても、またトヨタマンになりたい、
トヨタ自動車をこよなく愛する平凡な父

「トヨタ式《しき》」子育《こそだ》て術《じゅつ》

2021年12月17日　第1刷発行

著　者　　叶　周作
発行人　　久保田貴幸

発行元　　株式会社 幻冬舎メディアコンサルティング
〒151-0051　東京都渋谷区千駄ヶ谷4-9-7
電話　03-5411-6440（編集）

発売元　　株式会社 幻冬舎
〒151-0051　東京都渋谷区千駄ヶ谷4-9-7
電話　03-5411-6222（営業）

印刷・製本　シナジーコミュニケーションズ株式会社
装　丁　　杉本千夏

検印廃止

ISBN 978-4-344-93650-8 C0095
幻冬舎メディアコンサルティングHP
http://www.gentosha-mc.com/